被收缴的语文

一位语文特级教师的工作札记

吴忌 著

时代出版传媒股份有限公司
安徽教育出版社

图书在版编目（CIP）数据

被收缴的语文：一位语文特级教师的工作札记 / 吴忌著.
—合肥：安徽教育出版社，2014
ISBN 978-7-5336-7950-7

Ⅰ.①被… Ⅱ.①吴… Ⅲ.①中学语文课—教学研究
Ⅳ.①G633.302

中国版本图书馆CIP数据核字（2014）第225565号

被收缴的语文：一位语文特级教师的工作札记
BEI SHOUJIAO DE YUWEN：YIWEI YUWEN TEJI JIAOSHI DE GONGZUO ZHAJI

出 版 人：郑　可
质量总监：张丹飞
责任编辑：殷振群
装帧设计：袁　泉
责任印制：王　琳

出版发行：时代出版传媒股份有限公司　　安徽教育出版社
地　　址：合肥市经开区繁华大道西路398号　邮编：230601
网　　址：http://www.ahep.com.cn
营销电话：(0551)63683012，63683013
排　　版：安徽创艺彩色制版有限责任公司
印　　刷：合肥创新印务有限公司
开　　本：650×960　1/16
印　　张：15.25
字　　数：200千字
版　　次：2014年11月第1版　2014年11月第1次印刷
定　　价：30.00元

（如发现印装质量问题，影响阅读，请与本社营销部联系调换）

目 录

自　序：讨论"语文"也是一种奢侈 / 001

择业为师

从裁缝、木匠到科学家（演讲）　003

择业为"师"（叙旧）　005

鲜花与贺卡（叙事）　009

我用一生备课（作业）　015

门房方便面（笔记）　018

把别人的学生变成我的学生（述职）　021

欠缺的语文（演讲）　024

我不可以选择学生，但可以选择教法（计划）　028

当学生的"提问"超出老师（演讲）　032

我就是语文（演讲）　035

请香蕉皮上课

回到1925年的长沙（笔记）　041

五月十七日（叙事）　　　045

关于唐美红（叙事）　　　048

"己所不欲"的学生（反思）　　　054

一枝红杏（笔记）　　　057

被收缴的语文（笔记）　　　059

请香蕉皮上课（叙事）　　　062

弈秋现在又如何（笔记）　　　066

谛听这最后的下课铃声（演讲）　　　069

执着的蓝（书信）　　　073

献出美玉

上早读（笔记）　　　079

献出美玉（笔记）　　　082

涂改关键词（叙事）　　　086

鼓励作弊（笔记）　　　089

铁皮门（笔记）　　　092

网虫落网记（叙事）　　　095

烛泪书签（叙事）　　　099

该死的孔融该烂的梨（笔记）　　　105

不敢去吃饭（叙事）　　　109

二中的"二"（演讲）　　　112

竞技争名

天雨自行车(笔记) 119

女生小芳(笔记) 122

毕业留影(叙事) 125

修改情书(笔记) 128

受伤的屏蔽仪(叙事) 132

清醒的尊重(叙事) 135

关爱与伤害(演讲) 139

后背的恣肆(叙事) 142

丢失了"赤壁赋"(笔记) 145

竞技与争名(演讲) 149

我读我生

"狗的舌头上都是汗珠"(序言) 155

为校园文学祝福(演讲) 159

阅读即写作(演讲) 162

离题作文(笔记) 165

"唇唇欲动"(笔记) 168

我读我"生"(笔记) 171

矫情或者诗意,也可能残忍(笔记) 175

带着感动出发(笔记)　178

时间在流逝(笔记)　181

安徽高考"梯子"门(笔记)　183

反讽的文字

学生逃考与"温室效应"(笔记)　189

不准跺脚(笔记)　192

问春光何物(论述)　195

昼寝何妨(笔记)　199

反讽的文字(笔记)　202

感谢书商(笔记)　206

下阅览室(笔记)　209

教书与"行骗"(演讲)　212

请大家不要讲话(叙事)　216

后记:我为什么叙这些事　221

附　录

听说那个吴忌 / 227

和吴忌一起听课 / 230

个性语文,具体而微 / 234

自序：讨论"语文"也是一种奢侈

原想将本书命名为"语文课间操"，即我这个语文老师在课间做的自由体操。文字之"操"是为言语记录，思想之"操"是为思考或检讨。书里文章都从教学笔记里整理而出，其中一些被报刊编辑朋友约为专栏文章连续发表过，但更多都是我的私密笔记。

若将这些文字编入我的散文随笔集，或可做文学阅读，尽管随笔的文学意味不很浓，但其文体自是文学体裁之一种，我课余也喜欢混在当地文圈。然我希望其另有使命，即作为个人教育与教学的检讨书。我首先是语文教师，住在学校，有教育局管理工资和津贴。一个人若非行尸走肉，其必有目见耳闻，有所思想与感悟，但讲台并不能承载一个教师所有的言语，出了教室还有话要说，且备课与反思都是必修功课。

我并非全为语文课说话，延及其他，只因做了十数年教务主任，于此亦有所见所思。教育的语境不仅春暖花开，也秋风凄厉。有所悔恨与批评自是谦卑和担当，某些言辞并非恶意于自己，于自己的学生；并非恶意于我所工作的学校，处身的社会，存身的中国。一切皆是善意，教育同样属于个人的事业。善意可能制约文字表达的方式与力量。当文字含蓄而温婉，可能就消解了述说的犀利。我企图尽数拔出言语的"骨刺"。有专家说，随笔需要思想。言语的犀利应该就是思想的表征之一。但这并不能简单理解为尖锐，另有思考的深刻。然我胆识不足，坦诚不敢过度。这无疑会消解感触与表达的深度。但是,平湖秋月之舟可以更远,无风里更可见天空的辽阔,水底的深邃。无论谁,其文字都属生命的表象。而文字自有文字的间隙,那就是阅读之时可以任意游移的豁口。

所以我希望这本书能够继续获得某种文学的趣味。无论学语文,教语文,还是我喜欢的散文写作,文学都只是一个美好的理由。对教育和教学的言谈或记忆,我更愿意其有深切的温暖。教书三十年了,我还没有对于教育的专题表达,故此愿做相应的弥补。怎么教学语文,语文课堂何以为好,孩子们如何才能触及语文的精髓,甚至学校如何才可获得更好的发展空间,我都愿意想想。但困境始终存在。而我,并不是可以解决这些困境的人,只能说说而已。

忽然觉得凡教育都是奢侈的,那么讨论语文教育也就同样奢侈。不管今天教育的方式方法如何,方向如何,教育都是奢侈。此所言语,不单指教育的环境以及国家个人对于教育的投入,所谓"一切为了孩子,为了孩子的一切",包括为了公平而补叙的"为了一切孩子",看看,教育怎么不是奢侈的呢?似乎整个社会都在为教育而忙,包括为应试而忙活的书商,包括围绕学校而忙活的早点铺子。然奢侈于教育,才是社会的正确。

想起童年,父亲于我的教育也是奢侈的。那时中国刚刚结束所谓的三年自然灾害,然我母亲已在大跃进时期"穆桂英铁姑娘战斗队"遗存了严重的劳伤,几失劳动能力。家里就只父亲一个人挣工分,长年无有余钱,口粮都极欠缺。但父亲想尽办法让我读书直到我大学毕业。尽管我毕业时,父亲的欠条并不比我写下的诗歌文稿单薄,但整天沉迷于语文,那确是我最奢侈的生活。因为我从小就该做个地道的农夫。尽管读书并没有改变我多少命运,但读书改变了我的职业和生活方式,改变了我生命本身。我所获得的教养比之于不读书要多得多。我因此而幸福,而探知美好与痛苦的深度。我应该感恩于这种多与深。教育无论如何奢侈都有意义,其意义不止在于培养了更多的社会精英,更在于改变了更多普通人。

我现在的学生就是被社会分类了的"普通人"。他们是在全县中考一万四千人里(少则九千人)名列四千之后者。先贤以为"有教无类",所言是指教育的社会公平以及教育者执业的公正,但教育的科学还必须"有教有类"。此类就是"分类教育"。正如教老虎吃肉,教山羊吃草;教猫上树,教鸭子划水。并不可相反。但目下我们多不认同此理,都企望接受最好的教育。一些家长总想牵着山羊去吃肉,赶着鸭子优雅地上架。一厢情愿。当然一切皆有可能。不过可能的案例或许并不具有普遍性。

谁愿说破皇帝的新衣,道论海市蜃楼的幻境?这需要真诚与勇气。我做不了这个勇敢的人,但我想表述,教育应作为从业者的事业,不可仅为职业。社会更需有真诚的氛围,有面对不同受业者的勇气。我们应一视同仁地爱护他们,用不同方式方法使他们成就为不同的人。我想,作为执业者,我们不必从众于仰慕成功的虚荣,比较工薪的多少,比较舒适与安稳,甚至不必比较所得之高考升学的表扬与奖励,但一定要孜孜于心灵付出,即使寂寂于毫无名利,也必须追求寄托与充实的高远。作为普通教师,我感觉这个社会并没有亏待我,面对语文和语文教育,心中应有感动和感恩。我不只是我自己,我可以是更多的从业者。

谨以此书献给我的语文同行;献给一切愿意关心语文教育教学的人们。

择业为师

被收缴的语文——一位语文特级教师的工作札记

从裁缝、木匠到科学家（演讲）

感谢评委给出的这个演讲题——"结合教学实践，谈谈如何用多把尺子量学生"。这是对我们如何进行教学评估的提醒，我们的教学必须注重教学对象的复杂性，注重教育目标的丰富性，在当下规模化教育的语境下，我们必须注重个性教育，充分发挥学生的各种潜能，为国家社会培养各类人才。这个话题，让我想起乡下的裁缝，他们就是拿一把尺子量人，但他这把尺子却可以量高矮胖瘦不同的人，为他们做出风格不同但都合身的衣服。

这可是一把魔术的尺子，可以变换出不同尺度。我们乡下的木匠也是这样，他们用一把尺就可以把不同的木头做成同一的家具，也可以把相同的木板裁成方圆不同的器物。

而我们老师在教学中又当如何呢？

有道是世界上没有两片完全相同的树叶！而人的复杂性更是如此！我们面对的学生千差万别，他们的出身，他们的个性，他们的目标追求，他们成长的家庭与社会环境各不相当。但目前我们虽然提倡个性教育，但我们的办学条件有限。我们一个教室，一个老师，同一本教材，同一套试卷，我们面对众多的学生，注重个性就很难了。但这个难，恰恰就是一种美，恰恰就是我们教育和教学追求的目标，追求的上乘境界。

我们不仅要用多把尺子量不同的学生，也要用多把尺子量学生的不同。教育的对象不同,教育的方式自然不同。我们的目标也要因人而易。正如裁缝,胖子有丰满的美,瘦子有苗条的美。吊带装,露脐衫,迷你裙,老太太的宽松的衣袖,都是一个裁缝做出来的啊。我们用多把尺子量人,人各有其美!如此教育的结果,就是人人自信,人人有用。而要相反,用一个标准要求众生,众生皆无"尽善"可言。这也就是自己给自己找痛,既不符合中国教育的实际,也不符合当今社会对人才的需要。

我来自一所农村中学,非示范中学,我的学生都是省、市示范中学用一把很长的尺子统一量过而集体放弃的。但我校录取了他们。我也发现,他们还是各有各的长处。因此,我在教育和教学中,就充分注重他们各不相同的个性差异。我想,教育的丰富性就体现在这里。我们在教学的过程当中,目标的设定,方法的选择,都必须是丰富而多样的,并且是适当的。圣人有言,"有教无类。"我就是这样做的。

我想,多把尺子量学生,量一切学生,量学生的一切,让他们各显其长,找到自己的优点,也规避自己的缺点。在将来,一些人去做科学家,我们荣耀!而另一些人去做木匠、裁缝,他们也能谋生活,也能为社会作出自己的贡献。请问,这个社会能少得了木匠和裁缝吗?

我在这里告诉各位评委,我一贯的教学也是快乐的。现在,我看见了每一个学生的优势,看见了每一个学生充实的未来。在将来,我有的学生成了科学家,我光荣。若我的学生成了裁缝,老师退休了,裤子破了,我找我的裁缝学生补一补,她还收我的钱吗?不会的!我看,这就是多把尺子量学生,注重教育的个性,注重教育的针对性,注重人的复杂性,注重社会对人才需求的多样性的好处啊!

谢谢。

2007 年 11 月 26 日于安庆

择业为"师"（叙旧）

交代一下，我为什么是个语文老师呢？

事情是这样的，我父亲想让我做老师。而且这个在旧社会读过很多年私塾的农民唯有这一次"运气"好，居然心想事成，我于是就成了老师。

事情可以追溯到1978年8月。那一年我初中毕业，成绩好像还不错，破凉初中两个毕业班，我考了个第三名，差一点就进了某中等师范学校。事实上，那年代做教师并不吃香。吃香的是进粮校、商校，出来可以得很多"实惠"。想想那年代一个农民的儿子在粮站工作，在供销合作社工作，那老农和老农的亲戚什么事不方便？有个段子说，有公社书记表扬一个老师，说，你好好干，干好了我调你去供销社做营业员。那时候依然物资匮乏，生存需要某种物资的特权。但我父亲居然不以为喜。

那年暑假，他命令我填报某中等师范学校。我也就屁颠颠地乐，师范，师范。我才十五岁，进了某中等师范学校立即就可以发生活费，三年之后十八岁就可以发工资，跟我的老师一样。我为什么不喜乐呢？

但这样的好事被同屋里我几个堂叔和堂兄给"恭喜"掉了。他们对我父亲说，你现在好了，三年一过，你儿子就可以回油榨岭小学当老师了，上午上课，下午回家帮你挑水砍柴做事，晚上还可以继续帮你切猪菜。油榨岭小学是我的母校，就在家门口，十分方便。但这样的描述让我父亲皱了一下眉。他又跟我谋划，我们还是去念高中吧。他诱惑我说,去县城,你舅舅不也在县城吗?没事去舅舅家吃饭。我一直羡慕舅妈的厨艺,尤其菜肴的丰盛。我以为好,城里热闹。那时候,我首先想到的不是读书,而是吃饭。如此,我就改填了县中。

只是这样一来,我的教龄就被推迟了。

时间到了1980年。那一年我十七岁,高中毕业,真的进了安徽师范大学。学校也发生活费,而将来,我就不是小学老师了,一般要做高中老师。我还是很孝顺的,听我父亲的话,我父亲又很会忽悠人。他说,做老师好,风不吹,雨不落的,工作既体面,又优雅。他还小声地告诉我,即使兵荒马乱的,人家孩子总要念书,老师总不会饿饭吧。他更小声地告诉我,儿子啊,有工资,又不需要四处奔波,把自己养得白白胖胖地,老婆也养得白白胖胖的。

我就心动了。我为什么不心动,也才十七岁,有工资,自己可以白白胖胖的,还有白白胖胖的老婆。

当然,我的那些同学则心怀大志,志愿也就五花八门。但跟我分数差不多的,无论填什么志愿都殊途同归,一律进了安徽师范大学,只是系科专业不同。我们在大学里忽然扎堆见面,一个个都狂笑不止,因为什么兴趣爱好啊,什么宏图伟业啊,统统都见鬼去了。殊途而同归,一起来到安师大也是快乐的。那一年安师大本来不属于重点招生系列,据说是安徽省政府觉得在新时期要首先重视师资培养,我们就都被"重点"进安师大了。高中时候班上成绩好的一批,除了全县文科状元上了北大,第二名上了南开,几十个人都挤在这个"教师的摇篮"里,为未来做老师而摇啊摇。仅中文系80级,就有十二个"宿松佬",其中居然十个是我高中同班。

其实我后来做老师,也并没有将自己养得白白胖胖,老婆也忙得一脸憔悴。口袋里也并没有几个钱。有时候,朋友来得多了,学校旁边的小菜馆里常年挂着我的欠账。我父亲,那个鼓励我填报师范专业的"狡黠"的老农,根本没

被收缴的语文

有得到我一丁点好处,反而是不断地补贴我的大米、猪油,经常捉老鸡慰劳他儿媳妇,成担成担地挑山芋进县城来糊弄他念小学的孙女,以致后来卖了牛帮助我集资建房。

但我父亲还是很高兴。因为他虽一生务于农,却以读书为傲,且一直喜欢读书人。早年,我大概有五次"改行"的机会,被关心我的人"捉弄"去干一些颇时髦的职业,包括经济工作,包括可能当个小干部。但我父亲都闻风而动,坚决誓死加以感情"抵制",从中"作梗",四处"破坏"。因此,我至今依然是个语文老师。我先是在一所中师学校教语文,就是我当年想去的那所发生活费的学校,现在改制,我教的是高中语文。吴老师就吴老师吧,没什么好,也没什么不好。

后来我父亲母亲被我接进城来,跟我一起在学校里闲住,于今十多年了。我教我的书,他上他的寺庙,坐他的茶馆,总是很开心。不过,他颇喜欢干预我的工作,比我校长对我的要求严格多了。有时候,他从大街上热热闹闹的茶馆里,从山巅上冷冷清清的寺庙里,凡听到一些关于我这所中学的"不良社会舆论",这个八十多岁的老农回家之后,总要十分认真地训斥我。比如,有孩子们半夜里上网,有偶尔互相打架,有躲在我屋背后抽烟,有男生搂着女生的肩膀甚至亲嘴……他都要训斥我——

你这个教务主任怎么当的?

嘿嘿。我只是一个语文老师啊,当真以天下为己任?管不下许多事的。尤其管不了那些激昂澎湃的有"少年心事"者。只是父亲希望我能够做一个更好的老师,不只是语文老师。这,我肯定就努力不够。然而,人若努力,就必有理想的结果吗?

我终于发现了父亲内心的秘密。喜欢陶渊明的父亲之所以要我做老师,是他自己对于社会的复杂有深刻的恐惧,他很"害怕"。这个老农从"旧社会"混进"新中国",怕过很多事情,正如他自己满腹经纶却甘于做一辈子农民。无声无息,循规蹈矩,终老故乡。那我还有什么好说的?

只是现在,我依然很惭愧,不为别事,而是我自己虽然读过所谓的大学,一生只是读书教书,也似乎手不释卷,但对于"旧书"以致"国学",我还是没有悟透,浩如烟海的"新书"并没有博览,文化的根基尚不及我耄耋的老父。

现在,我胡子都白了,这个语文老师可能也还是没有做好。有时让我那全聋而半瞎的老父亲坐在大街上的茶馆里或者呆在深山老庙里,都不得"体面"。看来,我还要更加努力才是。

2008 年 12 月 30 日

鲜花与贺卡（叙事）

下课的时候，我后面跟着学生的脚步。慌乱而拥挤，但一般不会逾越到我的前面。这点礼节，孩子们还是有的，但你千万别回头，因为孩子们做不做鬼脸，有没有恶作剧，那可说不准了。我的教室在教学楼的顶楼四楼，三分钟，我才能绕到办公楼的三楼。今天有些怪，我身后的脚步由拥挤而清晰，喊喊喳喳一直跟到三楼，我更不敢回头了，谁知道我的这些十六七岁的宝贝要干些什么？如果有事，他们会喊住你。我进了办公室——

"吴老师，生日快乐。"是黄鹂一般清脆的女声。

我回过头去的时候，她的手上拎着一只小巧精致的五彩花篮。一张贺卡捏在另一只手上。"吴老师，王晶祝你生日快乐。"来的不是王晶，是另一个女生。

"我生日？"

"是的。明天。"

"怎么知道的？"

"我们看了你的书。你自己说的，农历三月十九。"

真没有想到，在我自己都不记得，也不准备庆祝什么生日的时候，会有学生送我如此美丽的花篮。说实话，这既意外，也真有些奢侈。这是有生以来唯一的花篮，我激动得有些不知所措。

我一笑，"谢谢。"连忙放下教本，接过花篮。女生一溜烟跑了。这种送花篮的方式也是特别的,我因此得到了两个女生的祝福。

王晶是我喜欢的学生,特灵犀,普通话好,长于朗诵。我范读课文的时候常请她代劳。因为她姓王,我曾经戏谑地说过,"有请我们班上的王小丫……"我鼓励说,话说得漂亮,照样有饭吃,照样成就一番光彩的事业。今天我就得到了"我们班上的王小丫"如此丰厚的回报,默默无闻的老师也是有些滋味的。

鲜花的滋味就挂在这些鲜艳而含蓄的康乃馨上。我合情合理的四十三岁收到了意外的鲜花,这是"山青花欲燃"的农历的三月,一个语文老师几乎有了飘飘欲仙的眩晕。我几乎能感受到真正的诗歌的浪漫。假如不是因为职业的缘故,假如不是这些特别细腻的女生,我的鲜花几乎是不可能的。一个平凡且平庸的四十三岁的男人不可能得到这些。我早就淡忘了自己的生日以及我妻子的生日。我将祝福留给孩子和老人,祝福一个孩子的长大是应该的,我们应该让孩子幸福地相信鲜花一样的未来。应该为老人的长寿而庆典,数十年人生何易?他们曾经历的风雨沧桑应该在风烛残年得到慰藉。一个中年人对自己的浪漫是一种矫情,每一天都要好好工作,"老吾老以及人之老,幼吾幼以及人之幼",这是人到中年的责任,也是人到中年的艰辛与充实。

小镇上的鲜花还不是很时尚,人们眼睛里油盐酱醋的滋味更重一些。鲜花上精神的浪漫气息才刚刚生长,我居然就获得了学生鲜花的祝福,一定要记住这一个生日。我在这里教了二十二年书,人到中年的散淡和疲劳正日渐消解在我慢吞吞讲话说课的从容之中。教书的自信我还是有的,但激情肯定化作了雨后春日的岚烟。有一点我有自知之明,现在的高中生很难喜欢一个"爸爸"样的老师,就因为老态、严厉、冷峻。我的女儿读大一了,我教的是高二。路上嘻嘻哈哈的学生遇上我都停住嘻嘻哈哈,严肃地叫一声"老师好",这不是尊严而是代沟。当然我也希望今天的鲜花同样地既不是尊严,也不是代沟。假如一个语文老师的语文课能够拥有鲜花一样的激情和美感,能够获得学生平等的信赖,那么教与学都会同样拥有美感,拥有更自然更透彻的感悟。想想,我就有一些得意了,自觉不是一个只知道应对高考的"魔鬼老师"。平日里上课,我在所谓的传授知识和培养能力之外,和气得老好人一个,上课喜欢汪洋恣肆,还是有一些智慧和趣味的。

第二天就真是我的生日了。在四十三岁的这一天,第一节课就是高二(八)班的语文课,从八点至八点四十五分。我就带着鲜花一样的激情去教室,四十三岁的男人哪能就老了,赶紧把语文课上好,送给孩子们一个诗意的前程。

"来了,来了。"我在走廊上听见了教室里的鼓噪,没有了往日的宁静。一脚跨进教室的时候,黑板上霍然写着四个潦草而潇洒的大字,"生日快乐。"看来大家预谋了要给我一个惊喜。我说"上课",就有了齐声的喊叫,"老师生日快乐!"还有男生擂起课桌的"咚—咚—咚—"的鼓点。

我鞠躬,抬起双手静场。"谢谢。感谢大家的祝福,感谢大家的鲜花和掌声。老吴的生日就不要蛋糕和蜡烛了。你们青春的笑脸就是最美丽的鲜花,你们欢乐的掌声就是最真诚的祝福,也是最严厉的鞭策。我在四十三岁的生日许个愿,我将我的智慧,我的激情,我的生命都奉献给你们。孩子们,'我也为你祝福/愿你有一个灿烂的前程'!"(海子《面朝大海,春暖花开》诗句)孩子们笑了两次,最后鼓掌。

……

下课的时候,男生虞蒙喊住我,"等一下。"从抽屉里摸出一个包装精美的盒子,托在一个作文簿上,"生日快乐。"我说,"快乐。"我意外了,男生也搞什么小礼物,喊句"快乐"我就快乐。但会不会对我的生日"小品"一次,弄只蛤蟆什么的给我呢?我的学生是有这种可能的。我的语文课开放,四十三岁的老吴心态不老,我什么话都跟孩子们说。"语文无所不在",做老吴的学生享有人格的平等,语言的放肆和思想的自由。板着脸能对孩子们说出文学的意味?我才不信呢。我在办公室打开盒子,取出的是一件小巧的工艺品,一只仿玉的展翅雄鹰。女生何珍的短信压在下面,"这是我平常省下的钱买的……很幸运,因为我是一位和蔼可亲,没有一点架子的作家的学生。"她的意思,因为她的语文老师是一位作家,以我为荣。我这个四十三岁的老师,还会像一只老鹰一样展翅飞翔。女孩儿贴心,像我的女儿一样。

我顺手拿起作文簿,没有名字。这应该是额外的作文。作家的学生当然都有作文的热情。我以此为骄傲。作文簿里掉下两张卡片,我眼前一亮,是用五色斑斓的春花春草拼贴的标本画,太美了。构图,色彩,创意俱佳。一张上面写着"生日快乐",另一张写着两行诗,"记忆是唯一的行李,我在其上走着",含蓄,但我能会意。这简直就是世间最美的贺卡了。只可惜"知名不具",谁呀?且不管是谁,我老吴格外高兴,我的学生有此手艺,就足以在人世间"吃饭"。孩子们要长进了,我的最高表扬是"凭此吃饭"。一个老师对学生的终极期望,就是在将来有饭吃,有生存的本领。

我打开作文簿,却是鲍美灵同学的贺信——

吴老师:

很幸运地成了这个班上的一员,成了您——一位作家的学生。

早在成为您的学生之前,就听说过您的大名,可一直未曾有缘"见"过。或许以前在校园里看见过,可一直都无知地不知道那就是您。

在成为您的学生后,对您的教育方法甚是喜欢,让我更好地了解社会,了解人生,让我更清楚地懂得如何做人。有意地找到了您的作品——《雨的缝隙》,让我获益匪浅,让我懂得了生活中处处都是知识,每件小事都可作大文章,让我更加的在意生活,对周围的一切更仔细地去观察,不像以前走马观花一样地对待一切事物。更值得我庆幸的是,我找到了自己一直苦苦追寻都无从领悟到的幸福在何处。一直以为幸福在远方,在可以追逐的未来,可遇不

可求,双眼保持着眺望,双耳仔细聆听,唯恐疏忽错过。现在才发现它其实无时无刻不伴随着我们每一个人,只是我们不懂领会。蓦然回首,那声声祝福,句句问候,无私的帮助……都是幸福,幸福无须等待,幸福的生活不是一个目标,而是一个过程。

顺其自然地,从您的作品中记住了您的生日,于是开始倒数着,这一天如期地被我盼来了。而还需父母接济的我们只能对您道声祝福,于是我结合着自己的爱好,制作了一个标本,愿老师喜欢,虽然做得不好,但代表着我们的一片心。

老师如父,父爱如山,我们是这山上的嫩芽,总有一天,我们会借助您的力量长成参天大树。

愿:您的日子越过越美满,身体健朗。

您的学生:鲍美灵

2005年4月27日(农历三月十九日)

又是女生。应该。这么细腻的手法,如此唯美的心情,贺卡上被塑封的并不只是春天的小花小草,是一个女生对春天的诗意的提取和剪裁。我所获得的卡片上的春天,比窗外真实的春日要多一重彩色,那是一个学生春意盎然的七彩虹霓似的心灵。

更让我惊讶的是这封贺信,以一个语文老师的眼光去看,文体格式,层次语言,都无可挑剔。它得体、流畅,有情感,有思想,简练而有文才。我笑了,兴奋地笑!教语文如此,我有一种成功的愉悦。尤其令我感动的是,她对我的散文集的评价,对我的教学风格的把握,对人生社会的感悟,对语言文学和世事情感的理解都有了某种深刻的透彻。在我看来,够得上一定的"专业水准"了。我大笑,我老吴有如此聪慧的学生,高二就有如此透彻的悟性和文字能力,将来行走社会,可以吃上一碗很不错的饭。

——这应该是最好的生日贺礼了。

我摸了摸已经稀疏已经苍苍的鬓发,一个四十三岁的语文老师,没有理由不记住他的这一天。记住这些四十三岁的鲜花与贺卡。记住这些如花学生的感念和细腻的才情。

2005 年 5 月 7 日

我用一生备课（作业）

如何备好课，这应该是一个老生常谈的简单难题。因为每一个语文老师都会备课，不管他看不看"教学参考书"，不管他写不写教案。他只要上课，就不可能不准备。面对课文，面对学生，他不可能不思考。这应该是教师职业的基本从业要求，是一个教书人的起码职业习惯。也可以说课前备课是教师最基本的"师德"。如果他不备课，现在的高中生可是不好"糊弄"的。你要打无准备之战，已再不是误人子弟的问题，而是将面临被学生驱赶的问题。无论哪一个老师，都不可能放弃如此的尊严。

如何备好课，这也是一个复杂的问题。并不是你想备好课就能够备好课的，并不是你自认为备好了课就会上好课的。在事理逻辑上，任何准备不管它多么周全，都不可能完全切合后来的变化。中国最古老的哲学就认识到了这一点，事物总是彼此依附，相生相克，时刻都在变化之中。我们的备课永远不可能包容教学的全部过程。

我曾经说过，"我用一生备课，那是我生命的全部；我用我生命的全部教语文，那就是我的教学法"。这是 2008 年 4 月我在淮南市做教学法演讲时候发出的誓言。当然也是我的工作经验，是我教书的信条。

我的理由是，一个语文老师，他的一生，他所看到的一切，听到的一切，感觉到的一切，想到的一切，都是对有限人生的无限积累。现在我们教学高中语文，所谓的语文本身的基础知识、基本技能都会退到次要的位置上。这些都是九年义务教育阶段完成了的,或者说是必须完成的。

我们现在教学的是高中语文,要教给这些大孩子的是在文章、文学、文化层面上所做的对语言表达的人生社会的理解与思考。这些都是必须有深度的,其深度就是语言艺术表达的精湛技艺的深度,是对一切人生思考的文化深度。这些也同样都是有广度的,其广度就是由历史而未来的社会人生的河流一般地浩瀚,宇宙一般地广袤。同时还有道德的信度和审美的愉悦。这就是我们对人类普遍真理与众善的企求,是对自然以及主观的艺术与美的纯度追求。如果要教学好这些课文,我们更多的,更重要的是必须成为一个"全人"。这个"全人"他必须面对人类全部的历史文化,面对一切的古往今来的社会人生。他应该追求对我们这个世界的"全息"。他应该追求做这个深情、多能、睿智的"全人"。否则,你无论如何准备,都将是有欠缺的。

准备的欠缺,可能使你面临尴尬。

而我所企求的就是这种"全人"境界。只是可惜我做不到,或者我现在还没有达到我想达到的高度和广度。因此,我仍然喜欢阅读,尽可能利用一切时间来阅读人类积攒下来的全部书籍;我喜欢交游,对我处身的这个世界我想看见更多;我喜欢说话和写作,尽可能表达出我内心的一切,就像早晨的太阳迫不及待地要发出自己五彩的光辉,而不管炎热或者寒冷;我也希望能够像阅读一切文本一样,了解芸芸众生的内心世界,我在人群里阅读,我在生活里倾听。然后,我满怀我的知识、我的激情、我的善良、我的智慧,我夹起与大家相同的教本,走进我自己的教室,与我的学生对答古往今来的言语,且争取说出一些别人说不出的箴言。

我对我的学生说,"我就是你们的语文"。看我的听说读写;看我如何感应这个社会,这个世界;感应已经过去的历史,即将开始的未来;看我待人、做事,欢笑和忧愁;看我如何面对这些陌生或者熟稔的课文,这些平静或者激荡的震撼人类心灵的我们自己的语言。

语文终究是人的语文,语文备课也是人在准备,语文教育不可能不是人的教育。我就是这样认识备课的。"备好课"应该不是一个简单的问题,不是简单的课前几分钟、几天,而是一个语文教育工作者他一生臻于化境的生命企求。

你若不能如此,那是你的遗憾;你若不愿如此,则是你的愚氓。

2008年8月26日

门房方便面（笔记）

周五因事熬夜,我蓄意周六迟起。这于别人合情合理,因为早就实行"双休日"制度了。周五就是周末,熬个夜,第二天第三天肯定可以恢复,不会影响上班工作质量。但这于我就有风险,我们乡下高中老师周六要上课,长年累月如此。教育主管部门的禁令在我这里无效,高中不是义务教育。孩子们也跟我们一起拒不执行"双休日"制度,高三周日还上课呢。按照时下时髦的说法,可能我们老师是"被上班",学生则是"被上课"。不情愿,却都自觉。查课表,我周六是第二节课,熬夜无妨。

但我起床就只能跑步上班,没有吃早饭的时间了。我计划下课再吃不迟,那是九点四十分,不至于把我饿成低血糖。但我在自己教室门口遇见班主任,他说,老吴你把第三节课也上掉,Z老师老家有急事,临时走了。我说,好的,好的。谁没个急事。但心里就不得不盘算我的早餐。嗨,算了,一上午不吃也无所谓吧。

下第二节课,出教室门,看见孩子们蜂拥而奔"教学楼的门房"。想起那是L师傅的住处,他是学校信号员,也是教学楼管理员,负责打铃,我们上下课都听他指挥。他也顺便做孩子们的零食生意。我就开始满口生口水了,想他那里肯定有很多好吃的。孩子们几乎每节课都蜂拥而去,肯定有美食吸引。但我觉得自己不便去那里买东西,因为我曾极力反对教学楼卖零食,认为这样干扰教学,污染环境,不成体统。早年还跟某个大领导有过激烈的对话论争,最后结论是我被评价为我这个教务主任拿着副高职称工资而嫉妒临时工发财。如此说来,我的道德水准真是太低了。我何以为师?因此郁闷许久。

一直以来,也不知多少年了,教学楼里卖零食是我们学校的传统。南教学楼卖南教学楼的,北教学楼卖北教学楼的;另外,女生宿舍楼卖女生的,男生宿舍楼卖男生的。那些个管理员自己既当售货员,又是 CEO。学生课间蜂拥来去也是独特的校园文化。当然,我即使饿昏也不敢去跟孩子们抢买零食,孩子们会不好意思的,肯定就会吓走一些买东西的人。这会让门房"L老板"反感的。我灵机一动,好像是饿出了一点智慧的火星,拽住一个男生,"给吴老师买一桶方便面来。"我掏出十块钱,学生笑笑,就兴冲冲跑走了。

我的教室正好在教师休息室隔壁。我坐下来喝白开水,上了一节课不仅饥饿而且口渴。心想马上有方便面吃了,就跟等下一堂课的同事胡吹海侃。愉快的时候时间总是不知不觉。一个同事忽然说,老吴你的方便面呢?是啊,我的方便面呢?门房就在我们教师休息室斜对面,我要亲自去,一分钟就可以完成这桩"教学楼的内部贸易"。这孩子到底"嘴上无毛,做事不牢"。同事就调侃,可能拿你十块钱自己消费去了,老师也可以请客,不是吗?我想不会,是我自己的学生,一个很诚实的男生。可能就是不会处理紧急事务吧,孩子嘛。我理解,现在的孩子哪个不是金枝玉叶出身。或许那里的买卖繁荣,挤不上前。

但很快我的学生就回来了。迟是迟了一些。但有方便面了啊。我发现我的学生是小心翼翼地走进教师休息室的。方便面已经泡好,双手很谨慎地捧着。我特感动,到底是自己的学生,带了两年没有白费感情。这么体贴,细心。这孩子还说,"老师,辣味调料没有放进去,您自己看着放吧。我不知道你怕不怕辣。"临走又补了一句,"对门L师傅那里没有开水,我是北楼G师傅那里买的。"看看!多会做事。放下找来的零钱,一溜烟跑隔壁教室去了。我和同事们就议论,谁说我们的孩子"木"?灵犀着呢。这种理智,这种细腻,一般成年人都没有的。就是女孩子可能也未必有如此情怀。要知道,这只是一个十几岁的男孩啊。

  我把所有的调味品一股脑放进去,使劲搅和,因为我亢奋,我开心。这样呼啦啦吃了方便面,少有的好情绪。而那一节临时语文课比我有预谋的课还成功。我的学生考试成绩是"差"了一点,毕竟我们不是示范中学,但孩子们会做事。我想将来必定工作出色,而且以我成年人的体会,这么心细,将来"哄老婆"都会有了不起的水平。那将来的日子,就没有不好的理。这样周六加班,也是很幸福的。虽个人略有"牺牲",但可以更自信地见证一代人的未来。好!

2009 年 1 月 5 日

把别人的学生变成我的学生（述职）

2010年，我是宿松县第二中学的专职工会副主席，上学期是301班的语文老师，下半年是106班的语文老师。

略微值得一说的是301班的高考，我们总算完成了高考任务。好像可以领到一些奖金。因此，我自己心里喜欢。至于是怎么完成任务的，一切都在日日夜夜的教育教学过程之中。我不能复述这些教育教学的过程与细节，因为那是不可复述的。而心想，高考无论如何不能指望奇迹或者偶然。我们只能相信事物发生发展的必然。绝不可心存侥幸。我过去说过，宿松二中从日常教育教学直到6月7日高考，不仅要付出"二倍"的勤奋和辛劳，更要奉献"二倍"的智慧与情感。我越来越觉得寻找到恰当的教育和教学方法很重要。尤其突出的则是要确定恰当的感情态度。要了解我们的学生，理解我们的学生，设计恰当的教育教学内容与方法，设计恰当的期望值。这是特别关键的。形而上的急，紧，管，压，哄，糊，甚至打，骂，羞辱，处罚，向家长投诉，告密，等等，都不一定奏效。这些，我在另外的总结文字中有专门的学术性分析。那就但看结果，忽略结果之外的一切吧。我辛苦三年，能够在最后完成学校分配的高考指标，心满意足了。

而我内心所欢喜的，不仅仅是2010年高考的达线率，而是更多的学生能够怀着阳光的心态从我面前离开。我的课堂，学生是不压抑的，甚至他们学习也是不很辛苦的。他们跟着我学习语文也相对简单，那些"难"和"深"我已经设计"放弃"

了。而至关重要的是他们慢慢地敢说话,敢于写出 800 个汉字,慢慢地懂得了人情,慢慢地相信了善良和真理,慢慢地相信未来。而毕业了,他们不骂我,且记得我,经常联系我。我的学生离开了,但他们仍然是我的生命拥有。这才是我真正的收获。

下半年,转教高一。一个教师的宿命,似乎一切都在轮回。然而我的教育和教学,我对学生的情感,我对语文的认识,就都必须涅槃。是的,我希望我有更好的语文方法,更高的语文境界。当我的语文重新开始,我主要从语文学习的养成教育入手,企图把初中的学生迅速改变成高中的学生,把别人的学生迅速改变成我的学生,把懵懂少年迅速改变成会思考有担当的青年。包括他们对于语文的认识,对于人生、社会、历史、文化等的广泛的认知。

我越来越希望自己能够成为一个"懒"老师,我所渴望的工作状态是学生能够主动,课堂上主动,课后主动,校外主动。甚至,说梦话,吵架,都有主动的表达意识,有积极的修辞,有缜密的逻辑。我渴望我的学生学习能够事半功倍,我要求的是学生有积极的信念,有清洁的理想。我说,一切都是语文。我说,我就是语文。我说,无时无刻,随时随地,都是学习语文,且都在使用语文,享受语文。

而且语文也始终是容易的,是美感的。语文课以及语文练习不是任务,而是一个有体温的人他自觉的思维,唯美的情感陶冶,更是对于未来的奠基。经过半年教学,我以为渐渐接近了我的预期目标。现在,我的学生适应了我的教学模式,他们都已经是我的学生了。当然,也由各个初中的学生变成了宿松二中的学生。我可不敢居功自傲,完全据为已有。因此,我对于下半年的教育教学工作,先期给予"适当的"自我肯定。

而于教育教学研究,我自己也给了自己的任务。本期有所思考,也阅读了不少资料,写作了一定数量的教育教学随笔。论文发表举一例,有《语文教育的"存在"与"遮蔽"》发表在《学语文》杂志 2010 年第 4 期,为"卷首"之文。外出教研活动

多以个人身份参加,曾受聘于安庆市教育局做了几次"专家""评委",受聘于安庆师范学院文学院,给他们的"国培班"做了一次讲学。仅仅而已。

关于行政工作。2010年度,我彻底适应了"专职工会副主席"的工作岗位,好像没有给领导添什么麻烦,也没有给同事们添什么麻烦,没有给学校制造负面影响。工作似乎是恰当的,稳定的,因而是和谐的。具体的,我认真地写作了工会工作计划和总结,协助组织职工参加了一些文娱体育活动,协助学校组织全体职工参加了冬季健康检查,而对于"职代会"和"校务委员会"的材料整理、收集、存档,并配合学校申办示范中学工作,完善了工会应有的材料。这可能是最大的成绩,虽然略微感觉缥缈,但费时良多。我不能做到更好,也不能做得更多,在此抱歉。

关于我的2010年的自我评价,等级以"合格"等次为宜。我这样的人做着这样的工作,哪能"优秀"呢。

2011年4月13日

欠缺的语文(演讲)

有问,"高中语文"是完美的吗?我们不妨先做出否定的回答,随后再慢慢讨论。虽说人生不如意者常八九,语文教育的境遇也颇为类似。哲学已经给了我们答案,一切事物难乎纯粹。但执业者追求事业的完美始终不懈,身为语文教师,谁不心向往之呢?但即便智慧超群,经验再多,而我们的对象时时不同,教育教学的环境也在日新月异。因此,语文始终是动态的语文。那么,我们不妨先放下语文的完美话题,还是探究一下高中语文教学的"欠缺"吧。

先找依据。我们必须搬出新的课程标准。其对高中语文教学提出了新的规定,提出了现代语境下人的发展标准,其要求于语文教育,不再是过去的老套言辞。而我们作为从业者,对自己所执教的语文,其本质内涵也因此有了科学的认知。这里所追问的则是对当下语文教学实践的深刻检验。

当然,我们这样说,或许只是自己寻找的"反思"语文教育的出发点以及自我检验的依据。若更敬业,我们就必须把语文课教得更好。这个好,应该是既教出语文的科学性,也要教出语文的趣味性。教学的智慧必须触及文字的背后,那是字里行间广泛的历史文化,那是深刻的道义承传,那是人性与人情的无尽美感。这使我们托身于人人之间,在人与社会之间,可以有更顺畅,更美感的交流与沟通。

语文无疑具有工具性。教育教学要落实这个工具性也简单易行。然而,我愿

意看重其丰富的人文性,希望在语文教学中能够承载文化道德的传承,就人类灵魂的抚慰承载更多的诗性使命。

纵观语文课教学实际,目前我们还没有达到其充分的人文性目标。语文教师在高考应试语境下不可能或不愿意努力践行语文课程的人文性。也就是说,我们并没有从本质上接受高中语文新课标赋予语文课的使命,没有把现代语境里"人的发展"以及人文关怀放在更重要的位置上。我们的语文实践并没有随时代的进步而有所发展。那么,观念的滞后就不可能不影响语文教育的质量了。究其原因,我们唯一的目标仍然是在应试教育中习惯性"做题",并期望"得分"。我不是说应试的语文教育不对,但肯定,这样的语文教育即使合理也只能是有"欠缺"的合理。

考虑到我们还没有更好的办法去解决人口大国的人才选拔问题,没有更好的途径解决底层人口未来事业的出路问题,应试的策略也还是目前不可替代的公平和公正。而我们则应该思考,在当下高考应试的语境下,如何把语文教得更科学合理一些,而不是一味将"整体的文本"拆解成一个个考点,化整为零,只为切合考点而反复试题化、训练化。我们真的不应该总是肢解那些诗意而完整的语文文本。必须认识到,肢解语文文本的完整,其实就是肢解"人本身"的完整。这是撕扯的,滴血的,有痛感的阅读与学习。而基于人心的完整阅读,试题的人文化设计,这方面我们有条件做得更科学一些。

愚以为语文教学的言语或者氛围总应该有一些"人气",有一点"人的滋味",即便这个"气味"并不美好。语文课若丧失了最基本的人文性,只是纯粹的工具,那语文学习则毫无乐趣可言,也根本学不好语文。我们需要知道,理工农医的学习都是有人文性的。那些自然的常识以及基于常识的实验和计算,不可能没有生命意识。一切皆是"生命",皆是有趣味的。那我们何以要"僵尸化"人文学科的语文教学呢?那只能是语文学科以及语文教师的道德堕落。

我发现有的老师不习惯或不能从人的思想、人的情感出发,不能为语言的流畅、文本结构的和谐而说话;不愿意表达社会的良知,进而探究历史文化的意蕴;不稀罕言语审美的愉悦,不能从这些方面来解读任何一篇课文文本。一个作者为什么要写这么一篇文字,为什么这样写,一个人如此表达的动机以及言说的不得已,一个人在社会生活当中的处境,我们是没有考虑或者被故意忽略了的。我们的语文教学对学生是"苦逼"而不是"启发",更不是"颐养",致使一些孩子轻视语文,恶心语文。当然,有的孩子故意放弃语文课而照样在高考中成绩优秀,虽然语文学习有多重途径,并非语文课一途,但这肯定是对语文教学的讽刺。而更多的学生则被我们十年如一日地枯燥说教与机械考试,早就异化了完整诗意的语文理念,他们只热衷于对 ABCD 做出选择,热衷于回答"是"或者"否"。作文也是为考试得分而故意虚假地"美感",虚假地"抒情",而不能发自肺腑,触动心灵。这也是另一种形式的"人性的丧失"。对于表达,他们考试则作,以换来分数。平时谁写文章呢?不写,因为没有倾诉内心的驱动力。人类抒发情感总是需要内在驱动的。

我是反对这样的语文教学的。我认为这是语文教学最大的欠缺。而环顾周围,我们恰恰日日在加深这种语文教学的欠缺,包括情感思想的欠缺,艺术审美的欠缺,文化深度的、社会广度的欠缺,等等,人人感觉理所当然,好像当下的社会并不期望我们有这样深赋人文的语文课似的。只需看看学校有没有图书馆、阅览室,是不是对学生开放。也可能因为社会性财政"贫穷",基层学校或社区往往也没有起码的文化基础设施,但值得追究的是因观念的落后,我们放弃了建设的努力,因陋就简的激情全无。而这方面我们的政府是有愧于"人民教育"这个理念的,同时也有愧于民族的语文。在更多的人看来语文没有急功近利的经济效用。这实际是一种崇尚实用技术的庸俗思想。实用主义哲学是鄙视艺术,鄙视审美的,甚至鄙视哲学本身,这是我们这个时代"正常的思想"。

但奇怪的是，在学校里，自发的课外阅读也往往被教育者严格限制，这又"欠缺"了正面的引导和积极的有效补充。无论是在课堂之内还是课堂之外，师生对话交流则完全没有语文的"人文"质量，包括语言运用的美感和技巧也停顿在机械的形式层面。语文的人文性内涵，阅读者情感的丰富，都存在这样那样的"欠缺"。

我只能猜测，我们作为语文教育的从业者在高考应试语境里已经彻底被异化了，我们本身已经丧失了语文的"语文性"。这才是我们应该努力改进的。

反证于那些热爱学习的少年，他们的"语文趣味"如何呢？比如，我发现一些孩子沉迷于网络，但不一定都是赌博游戏，网恋滥情，而是热衷于"聊天"。细究之下，很使我震撼。我以为他们是在寻求一种更畅快的，更坦白的说话语境。比如，有些恋爱的中学生也不一定是在谋色，而是在求取青春里的简单感动，这同样是在弥补语文学习中欠缺的语言与情怀的美感。我就此愿意他们有坦荡的情怀。我们对此则应该更加宽容，甚至提倡，并由此深刻自省。

语文老师做久了，往往固执，狭隘，自负，对环境欠缺了敏感，对于"人"的教育理念轻重颠倒，更可怕的是自以为是，熟视无睹，无动于衷。经验丰富的语文老师，自有语文教学的经验，也有敬业的精神，可能唯独不爱语文了，可能唯独没有美感的言语了。这种"老到"与"认真"，对我们完善语文教育没有任何益处，甚至恰恰相反。当然，要改进目前的语文教学现状，就应当人人努力。这种努力首先必须改变自己的情怀，回到活生生的语文本身，使从业者以及语文课堂有足够的人情、人气。且要积极呼吁社会、学校、家长、学生诸方面一齐努力，为语文招魂。我一贯认为所谓单纯的语文教学并不存在，"环境"对语言的干预以及对于历史文化背景的影响，以及一个时代，一个区域，人们共同的价值取向对于语文的观念都是不可忽视的。细节的欠缺并不可怕，怕的是理念的颠倒。

2007年10月25日

我不可以选择学生，但可以选择教法（计划）

我的老搭档老虞从高三流窜到高一，又做了班主任了。他自窃喜，以为学校是肯定他的，充分肯定他的。上一届若没有带好，无有成绩，必然会"被下课"！而老虞今天正式又给我下了聘书，我也窃喜，以为老虞是肯定我的，充分肯定我的。在上一届，我的语文若没有带好，也是会被老虞下课的。且那漫长的三年，我的脾气，我的性格，都得到了老虞的宽容，更是窃喜。即使语文课上得再好，班主任要看不惯我，我也是要下课的。如今迈步从头越，又将在一起合作三年！我自祝福，要为语文而挺住，为教育而挺住，挺住就是一切。

我这样说，是想让我们今后三年的日子过得有诗意些，有哲理些。人生若有了诗意和哲理，即使高考作文也可能得高分，2010年的安徽高考作文就是这样要求的，"深处种菱浅种稻，不深不浅种荷花。"那么，新班级，新学生，我这块地方是深呢，是浅呢？我该种点什么才有更好收成呢？

我肯定还是个教语文的，而教材也没有变。这套教材我已经两个轮回了，在此就不再分析教材。应该说我是熟透了的。因为挂了个安庆市首届语文学科带头人、首届名师团成员的招牌，我必须练一些打铁的硬功夫。更因为一直预备参评特级教师，怕市里考，怕省里考，备课则要求有备无患，不留盲区。现在我就不再准备把精力花在钻研教材上了，就此研究一下新来的学生吧，因材施教是最起码的"师德"。

我还没有见到我的学生,只偷窥了分班名单上的姓名。今天新生入校,明天将开始为期一周的军训,我要到下周才有去教室上讲台的机会。本班番号是106;性质,理科倾向;人数,64人;女生,14人;男生,50人;最高分,611分;最低分,502分……这是我目前了解的情况。当然,我的"因材施教"目前还不会细致到男女之不同、高矮胖瘦之不同,而学生的出身、家庭情况、文化积累、个人品行等也要留待以后细加考量。目前能够考量他们的就只有中考分数,年龄大小,所来自的区域了。我需要以此对症下药。特别是年龄的差异会影响心智的不同,所来自的区域的不同,山区与畈区、湖区,其地经济结构不同,习俗不同,文化背景不同。这些都是必须考虑的。

就大家普遍关注的中考考分而言,我以为611分很多了,502分也不少。我愿意这样说。这在平时的教学中应该留心学生初中时期的知识基础、学习习惯,假定他们具有同等的智力,同样热爱学习,考分的不同总是有原因的。以后我要追究这些原因。

我只能这样说。因为这里的分数无论如何不能给我那些在省市示范中学的朋友们听见,否则他们会笑话我的。因为事实是,宿松中学最高分735分,计划内最低分695分。择校生低于630分就没有选择他们学校的资格了。我老家门口的花凉中学最高分683分,最低分621分。我也不能跟他们比生源。我们教的学生并不由我们自己选择,得由县政府分配给。

说明一下,宿松县政府赋予我们学校的职能就是教育"这样的"学生,这是社会分工,我不仅必须服从这样的分工,还必须苟同这样的教育理念,"分类教学"是一种科学的教育教学原则。因此,即使我的学生是宿松县政府"发放"给我的,不是我凭自己的好恶选择来的,但到了我的手上,也就是我的"掌上明珠",必须宝贝似的。政府有政府的职责和尊严,我的学校有学校的职责和尊严,我有我的职责和尊严,尤其是我的学生不仅有受教育的权利,更须有"人格尊严"。谁鄙视他们,谁就是对"人"之尊严的践踏。

我始终坚信,保有人的尊严,其意义高于知识和技能的获得。我们不能在鄙视和侮辱的语境里教育学生。故此,我之研究这些学生的结果,就可以概括为三个主题词:"权利"、"责任"、"尊严"。那么,我就尽自己的职责教好我的这些学生吧,以保护他们受教育的权利,维护他们人格的尊严。

这需要回答几个问题,他们是一块什么"材料",可以教育到什么"程度",什么方法是"最恰当"的,等等。现在,我心里应该有底了,在此就不展开叙述,日后另文。但我一定要让这些孩子在我的语文课堂获得"自尊",快乐地学习,达到他们能够达到的极限高度。其结果是他们也能够与宿松中学的高材生们一起走向高考的考场,走向大专院校,走向社会。尽管前途多歧路,他们将来也一定会获得一份工作,有一碗属于自己的饭吃,一定会兴奋地恋爱,踏踏实实地成家立业,赡养爹娘,哺育后代。他们毕业了,找到事情做了,不管工资高低,我要流窜到他们生活的城市,打工的城市,遇见了,他们肯定会留我吃一顿饭,会对他们的孩子说,这个白胡子老头是我语文老师耶。"快,喊老爷爷。"我自会无愧地答应了。

这是我的工作目标。

我这篇文章或者"计划"肯定有人不喜欢,甚至鄙视。因为根据社会惯常的理解,难道孩子们到你老吴那里念书,不是为了考大学吗?你为什么不保证孩子们上大学?我先说,我凭什么保证?今年宿松全县中考人数为13257人,每年高考应届生三本以上的达线总人数约为1500名,如果高中三年的名次不变,看看你算老几吧。而我现在的学生,最好的名次611分那位是3359名,最低的502分那位是7702名。看看,我必须把3359名的中考生变到1500以内去,把7702名的中考生也变到1500名以内去。一个字,难!

但一切皆有可能。但一切可能皆有条件,也有相对限度。但我表态,我会努力。而且我也可以告诉你,我设定的"可能的系数"不会为"0"。那就是我心中绯

红的希望。我教学的历史经验值是学生理科应届考取安徽大学。也就是说,我们宿松二中偶尔也能够将这些入学成绩低分的"活宝"赶进一本的行列。当然,你别指望很多,有一个就足够了。我们这里主要是依靠一些"小概率事件"发生,政府给我们定的高考达线率是3‰每人,即每个学生有3‰上三本以上的可能。累计之后,64个学生就应该有1.92个"指标"。这是一个机械主义的哲学命题。但我不怕,偶然的事情经常发生。就此借用一个小学生的语文作业,用"偶然"一词造句——"今天,我在回家的路上捡到了一个大'偶然'"。三年之后,我也可能会捡到两个"大偶然"的。

为此,我就要选择好我的教法,好好地教我的这些"掌上明珠"。我必须珍重这些学生,他们也应该是值得我珍重的。空泛的人性、人权我不说,我的理由是,我绝对不相信今年宿松县13257个接受了九年义务教育的初中学生里,只有3000个正常的人,其余10000个是"孬子"。我最差的学生是7702名,是"孬子"吗?比上不足比下有余啊。而"孬子"会来读高中吗?才不呢!

每一天的语文课,我如何选择恰当的教法呢?或许褒义词就是"因材施教",化腐朽为神奇。而贬义的说法应该是"赶乌龟上山"。"赶乌龟上山"不仅是一种方法,更是一种态度。这肯定需要执行者的耐力,但未必不需要执行者的智慧。就这样执教我的语文吧。先写这一篇"计划",报告给我的校长,报告给我的政府,报告给那些家长和我尚未见面的学生。

注:如何"赶乌龟上山",请参阅我当教务主任时候的演讲词《二中的"二"》(散文随笔集《以痛止痒》,合肥工业大学出版社,2007年9月第一版,第170—174页),此文或可为鉴,那是我的教育"宝典",就像武功秘籍《九阴真经》一样,我要赶紧温习一遍。

2010年9月5日

当学生的"提问"超出老师……（演讲）

"当学生提问超出老师的教学设计甚至知识积累,怎么办呢?"

这的确是一个问题。做老师的,这种情况可能谁都会遇见的吧。被学生"杵"在讲台上的尴尬经历我是有过的,被学生的问题晾在路边的情况我也是有过的。

但这样的情况不多,也不能多,我们从业的知识准备,经验积累,必须有起码的"充分"。否则,就要弃教"改行"了,至少需要重新学习,虽然我们每天都在学习。

学生提问,偶尔超出老师教学设计甚至知识积累,我们做老师的,不能回避。依我个人的看法,这是一个正常的问题,不必惊讶。我们可以由此而反思"超出"的缘由。老师的"教学设计"可能存在一定的疏忽,平时学习也可能存在欠缺,"智者千虑,必有一失","术业有专攻",每个人都不可能全知全能。但我们不能以此为借口,淡然处之。要在备课之时精益求精,要更加勤奋地学习,更多地给自己充电,尽可能完善自己的知识素养,完备自我人格。

其实,这也反映了学生求知的先行,是一件好事,我们应当为此而欣喜。"师不必贤于弟子",弟子也"不必不如师"。有学生先于自己学习,知识与思考都贤于自己,这是"高徒"啊。此乐何极!现在既是一个名师出高徒的年代,更是一个高徒出名师的年代。有学生主动学习,正是新课标着力提倡的,我们正可以借机鼓励培养学生的"探究能力"。我要真遇着这样的学生,则一定乐不可支!只是可惜,在我的学校,这样的学生很少。

但"问题"还是有的,那就是"超出"的处所与时机以及教师应对的心态,及时应对的方法,这些都值得我们深思。

如果在课堂,在大庭广众之下,怎么处置则需要冷静的态度,智慧的方略。如果只是课前没有"设计",没有对相应的知识传授与技能训练做出安排,学生提问不超出我们的知识范围,则可以依据课堂教学氛围立即解决之。只是务必讲求简略,不能影响设计好的教学进程,也不可因为一个学生的难题而滞留于此,丢掉整个班的学生,否则会影响完成预设的当堂教学目标。这是课堂"应变"最起码的技能。

如果离事先预设的目标较远,只是与本课教学内容有关,则要看情况而定,切不可节外生枝而使课堂不流畅,不完整。"课堂控制"是一门艺术。我们应该用出"巧思",当堂设置成为一个问题,由学生自己思考、说出,或者及时性地插入一个讨论由学生集体探究完成。我认为这样更好,课堂可以由此摇曳生姿。这种"意外"如果处置得当,会使课堂教学获得意想不到的生动,教学将因此光辉无限。这是"机遇",往往可遇不可求。遇到了就应当重视。

但也有教师被"卡"住的情况,学生"所问"是我们不曾知道的,"道"不曾先闻,术业也未专攻,怎么办?依我的经验,至少有三种处理办法。上策是反问。因为学生提问,肯定于此有所思考,我们让学生说出来,既是对学生的鼓励,锻炼说的能力。同时也可以由此"激智",启发自己,说不定会想起一切,可以给出一个合理而智慧的解释。

我在读大学的时候,最喜欢向研究现代文学的胡叔和教授提问,他是我老乡,也是远房亲戚,但胡教授在我提问之后总只有一句话回我,"你说呢?"我就说。但说完了也不会得到胡教授的肯定或否定,教授又说,"你说呢?"我就又滔滔不绝地说,重找论据论述,或者换个角度论述。每每如是者三。开始我很烦,以为教授没有学问。但某天猛然醒悟,胡教授实在是高明,我的论述能力,我的演讲水平,都是这么被教授反问而有了的。至今铭记,感恩不尽。

中策则是承认自己不知道,向大家讨教。这需要勇敢。我们承认教师的"欠缺"或多或少会让学生发现老师的"软肋",权威的"信度"将有一定的损失。但损失也不会太大,因为"坦诚"是一种高贵的品格。孔子有言,"知之为知之,不知为不知,是知也。"我们当然不能消极地不知道,而要积极地与提问学生一起寻求解决。如果与课文相关则要组织讨论,不相关则承诺课后研讨。"搁置"也是一种策略,学生当然会接受老师的"另行安排"。

下策当然是虚伪地掩饰,甚至生气、发怒、记恨。这会给学生很糟糕的印象。孩子们聪明着呢,可不能把他们当孬子。打压学生求知与探究是对教育的犯罪,知之为知之,不知为不知,务必坦荡。但我们一定要积极求知。我见过一些很不坦诚的人,乱给答案的人,吼学生的人,尤其高三复习,面对大量的资料、模拟试卷以及不知从何而来的信息卷,老师往往会被学生问得"头痛"的。

但不管怎样,这都是挑战。语文老师尤其难当,因为我们个人的阅读不可穷尽,语言是环境的语言,还可能多解、歧义、象征、隐喻、转注……语言的深层往往使我们理解费力。因此,一个老师与他的学生应当教学相长,不回避某一时刻的"无知"。依此才可能使自己更丰富,更智慧。

这种"挑战"不只现在才有,旧时代的私塾先生就经常被游走四方的访学者"踢馆"。既做了老师,自当多读书,勤思考,还要"有两把刷子"才好。但学无止境,应该虚心而睿智,一切尴尬自会化解。

2007 年 11 月 25 日

我就是语文（演讲）

我这个"老"样子是来打擂台争做"新星"的吗？我很惭愧！在宿松县评比教学能手的时候，大家讽刺我是"教学老手"。在安庆市评比教坛新星，大家又呼我"教坛老鬼"。在这两个赛场转悠，许多选手将我当做评委客气。能来淮南市继续打擂，也如范进中举，一张老脸，不得了的"辉煌"啊。

我今天演讲的题目是，我的教学法，我就是语文。

讨论语文教学，我必须坦言我真的就是一个"教坛老鬼"。自1984年从安徽师范大学中文系毕业，对语文我坚持了25年，探索了25年，当然也困惑了25年。而现在呢，我总是对学生说，什么是语文，我就是语文。想想我的生命里除了语文，还有什么？除了语文，我真的什么也没有。不是丧气，在此我完全可以深情地说，语文，你是我的唯一。语文也的确是我生命中唯一的美丽。

语文教学自有语文的特性。那是人与历史文化的沟通，是人与世界的和谐，心与心的碰撞；是一个庸庸碌碌的老师与许许多多美文作者的握手，是一个气衰力竭的长者与那些青春洋溢的学生知识的对接，灵魂的交流。从写作到阅读，从老师到学生，由教而学，这是一场三边多角的生命爱恋。语文教师必须广泛阅读，充分了解自己的学生，也必须像诗人一样真诚袒露心迹，敞开自己的灵魂。我看重这种师与生的互相了解。只有建立了心灵的信赖才可能有成功的语文教学。因为在我看来，人类不可能有情感和信念之外的语言。

我喜欢研究我的学生,他是谁?是怎样一个谁?熟悉学生的家庭和以往就是熟悉学生的成长。正如小说人物的环境,诗歌抒情言志的情境,正如一切艺术创作的背景。高中只是我们立于当下的某个原点,如果向过去延伸,那就是人类的历史;向未来延伸,则是人类的明天。

也让孩子们熟悉老师吧。比如我说,我这个人好认好记,用学习语文的方法,请先仔细观察老师的外貌,然后描写老师的肖像,体悟老师的内心——这么个矮胖、秃头、近视、大胡子的男人就是你们的语文老师了。看人与作文都可以由我开始。

语文学习当然可以"顿悟",只要你有恰当的智慧去顿悟。然而你凭什么去顿悟,还得有生活和知识的根基。

我理解的语文教学必得有一个相当长的时间流程。这仿佛一年里寒来暑往,四季更替,也仿佛一只只丑陋的毛毛虫纷纷化蛹成蝶。所以我希望语文教学能够有一个完整的轮回,就像一生之爱与恨,生与死,坚持三年把孩子们送进高考的考场,送进大专院校去继续读书,送到工作岗位去挣钱谋生活。由我开始,他们将有一个漫长的五光十色的人生之旅。

但如今天我们陡然来到一间陌生的教室,这能把语文教好吗?一颗流星划过天空,再怎么美丽,有可能只在我们目光的背面。对于语文,了解和信赖至关重要,必须信赖老师,也信赖学生。因此,我希望给孩子们一份自信,认识他们自己,认识他们自己的过去,未来和当下。

比如在小学、初中里大家都学习语文,有些孩子已经学得很好了。有了广泛的兴趣,渊博的知识;有了丰富的情感,良好的习惯,这都是高中语文学习的基础。当然高中语文都是对初中的继续,然而也因此而不同。课本不同,教学要求不同,老师不同,环境不同。人类的智慧和情感,我们精妙无比的语言,也都是亘古常新的。因此,要求自己更上层楼就显得尤为重要。现在的高中语文,文本更深、更难、更富文学性,思想也更深刻。与之相对,我们的学习必须更加独立主动,而不

能还像个孩子在那里等,等老师告诉什么是重点,什么是考试的内容。

语文的美感来自学习者态度的积极,洋溢的激情。那就是对生活的热爱,对人类良知的认同,对未来的信仰。我的教学往往更看重语言的鉴赏,看重文学表达的技巧,看重对历史、文化、社会、科学所做的人文思考。

语文是有用的语文,既有日常的实用之功,更有精神抚慰的虚幻之美。且功利如升学考试,内容也大多不在这薄薄的课本上。课本只是一件学习的道具,我们借此培养阅读的方法和能力,仅作一个例证而已。有更多的东西要学,有更宽阔的精神世界需要着色成型。

我最重要的经验只有三条。

首先要简化语文教学的要求,落实语文学习的细节。"听课",就是我唯一的课堂作业。"你听我说","我听你说"。我只要求孩子们通"读"课本,认真"听""讲",那才是更丰富的所在。我希望语文是最轻松愉快的一门功课,我将为此用尽激情和智慧。当然,我的学生都会有一本词典,而且要翻得比我的词典更破。

我唯一的愿望是孩子们多读"课外"书籍。唯有广泛地阅读,真切地体悟人生,见多才能识广。仅仅阅读课本是学不好语文的。只是遗憾,有的学校除了课本,学生不可能再有其他。我经常直言,现在很多学校真的是没有"文化"的学校。如果我的学生有时间,有机会面向社会,联系历史,目标未来,多好。学会观察,思考,感悟,从而丰富知识与阅历,丰富无尽的心灵,把无所不在的"见"与"识"化为对世界深刻的认知,把外在的人与事化为内在的素养。这多好。但一间间教室仿佛从清晨到半夜的"牢笼"。

我会不遗余力地要求学生积极人生,向上,向善。一个意志消沉的人,一个懒惰的人,一个麻木的人,一个心胸狭隘的人,他学不好语文。语文是人类精神的重要载体,富有深刻的人文内涵。那些无情的人,伪善的人,正是文学与道德裁判的人,其必不能感应人类的良知。语文教育的目的难道不正在于此吗?

而作为语文老师,必须使自己的一切成为学生的典范,书写的典范,言语的典范,人生的典范,精神的典范……

在这里做如何教学语文的演讲,大家都信誓旦旦而口若悬河。我也"牛"一句吧。我时常对学生说,什么是语文,我就是你们的语文,而且是最重要的语文。我站在学生面前三年,会尽其所有,将自己的才华展示给大家。将我一生所学,所悟,传授给大家。包括我的人品,我的性格,而不仅仅是语文知识和答题的技巧。我必须让孩子们相信我,每一天,每一节课,直至永远,都可以考验我。

在我的学校里,对自己的学生我能够陈述两条证据。你在宿松二中说是吴忌的学生大概没有人鄙视你。我这个教务主任当了15年,即使是混,也"混"出些伎俩了。就像一条小蛇混成了妖精,也是有些法力的,可以把一块石头"点化"成可乐或者馒头,尔后给你。在社会上你说是吴忌的学生,大概也不会有人瞧你不起。作为安庆市高中语文学科带头人,安庆市首届名师团成员,作为出版了三本散文集的作家,获得过安徽省政府颁发的第五届"安徽文学奖",吴忌这两个字,像他的光头一样,还是有点"光亮"的哦!

我的信仰,做一个合格的语文老师应该有自己语文的资本。所以我经常跟学生一起写作文。我的学生也时不时会在教辅资料上读到老师的诗歌和散文,会在某一套模拟试卷上看到某个题目就是解读老师的散文。他们很激动地信赖我呢。

在这里,我向尊敬的评委们告白,我用一生备课,那是我生命的全部;我用我生命的全部教语文,那就是我的教学法。

2008年4月24日,淮南,"教坛新星"决赛之"教学法"演讲

请香蕉皮上课

被收缴的语文——一位语文特级教师的工作札记

回到1925年的长沙（笔记）

高一开学上课，我请学生打开崭新的语文课本，第一课是毛泽东《沁园春·长沙》。这是一个经典文本。不仅是高中语文课本的经典文本，同样是作者毛泽东的经典文本。

如果从文面解读这首诗很容易，朗读，背诵，把握情感与节奏，看上阕如何用壮美之词描写湘江壮丽秋景，明确诗人如何通过这些"意象"表现深刻情感、澎湃思绪，下阕如何叙事述志，我们积极呼应诗人的思考与抒情，就可以了。但我觉得传统教法的说文解字，概括大意，指点"歌以咏志"的"志"就是"革命"理想，倒是明晰，但粗糙，教学兴味索然，浪费了教材第一课的精巧安排。是否能发掘出更深的人文内涵，在更高层面启迪学生，将诗人的文本变成我们的文本呢？

这很重要。

我请孩子们坐上时间列车，进入时光隧道，回到1925年的长沙去吧。进入文本之前有必要展开想象的翅膀，对刚进入高中的新生比什么都重要。语文课要打开少年尚未开启的心灵。那一首诗歌为什么不可以是孩子们自己的心胸意气呢？

1925年的毛泽东不是后来被神化了的领袖，而是一个热血沸腾、志向远大的革命青年，是一个诗人。1925年的中国正在军阀混战民不聊生的黑暗迷途中。这个热血的革命者正受命从长沙出发南下广州主持农民运动讲习所。后来史实证明，中国的出路就在农村与农民身上。临行，他来到少年游学的湘江之滨，故地重游,以诗怀旧。一个人独立于橘子洲头,看山,看江,看辽阔的天空,寒秋之景尽收眼底。然而他并没有被绚丽景物陶醉,而是心绪澎湃,独自沉思,河山美好,为什么不是安静的家园?不是民主富强的国家?中国何处去?谁能拯救河山?

在长沙读书时,少年毛泽东或许读过曹操的《观沧海》,"东临碣石,以观沧海……幸甚至哉!歌以咏志",面对河山发英雄之叹自古而然。诗人激动难当,江山有色,万山红遍,漫江碧透。但江山激烈地运动着,百舸争流,鹰击长空,鱼翔浅底。一"争"一"来"一"翔",动作遒劲有力,舒展而富有美感。万物生机,一个"竞"字作结。纷繁秋日,华彩意象呈现,壮丽无比,生命力积蓄在待发之间,互相竞赛,比拼对秋日的呈现与占有,这是强烈的对生命力量的讴歌。但回头,是什么人在看这样的秋景?一个"独立"塑造了诗人勃发的英姿。要知道,是立而不是坐、卧、依;且独;如此旁若无人,意味着诗人独到的敏锐观察。自古英雄皆孤独,因为英雄是第一个站立起来的人,是一直站立着且站在人群的最前列,挺立到最后的人!这是何等的英雄气概!

看山、看水、看天空。俯仰之间秋天"寒"意袭人,空阔宇宙万类纷呈,南下行程在即,而诗人的使命难道就是在这里看风景吗?显然不是,一个"怅"字思维万端,由喜极而至哀伤。面对寥廓大地发惊天之问,"谁主沉浮?"我们站在诗人对面,在同样寒秋风景中,不禁无声而终至于黯然。这个独立的青年竟然胸怀大志,关注民生、国运,我们就不禁肃然而另眼了!

这样的提问,在1925年的长沙是不会有人给诗人明确的答案的。然而我看到诗人脸上不经意的笑容,那是豁然清醒。诗人想起自己更年轻时的经历,一群更青年的学子怀着雄伟抱负,一腔热血,天下苍生;才华横溢,激昂慷慨。他们纵论天下,志在中国。"少年心事当拿云!"这样的往昔,"指点江山,激扬文字,粪土当年万户侯。"好一个"指点"、"激扬",好一个"粪土"!这一段峥嵘岁月磨炼了诗人的志气,这一段回忆难道不是对"谁主沉浮"的回答吗?如此才华横溢的少年,舍

我其谁？我十分赞赏一个"携"字，此早有的领袖风范啊。有主见，敢于担当！"粪土"何解？是否狂语？当年的万户侯也不是平白而来的，敢将其视为粪土，得有理由。敢于藐视"英雄"的人如果不是更大的英雄就是疯子。毛泽东凭什么说这样的话？

先回过脸去看"谁主沉浮"的天问沉思，诗人反问，"到中流击水，浪遏飞舟？"一段历史，一个生活的平常细节，佐证了信念和力量。敢于到浪遏飞舟的湍急江水之中击水，可不是匹夫之勇，而是有真胆识，是真英雄。一个细节，以少胜多，事实胜于雄辩。同样不逊击于长空的雄鹰矫健，不逊翔于浅底的游鱼从容。

1925年的长沙是过去的长沙，诗人少年壮志；也是现在的长沙，有寒秋之壮丽风景，有"湖南农民运动"的成功经验；更是未来的长沙，诗人将由此出发，踏上自信的革命征程。星星之火，由此燎原。我仿佛听到一声响亮的汽笛响彻沉默的中国大地。

时光之旅可以穿过岁月的山洞，转眼1936年的冬天。当诗人真的成了一支新生力量的领袖，"携"中国工农红军翻雪山过草地北上抗日，举民族大义，再次站到更加寒冷的山巅，大雪覆盖，北国河山"千里冰封，万里雪飘"。然而诗人眼前无比明亮，"红装素裹，分外妖娆。"同样地激情澎湃，同样的河山寥廓，诗人再次赋诗言志。"江山如此多娇，引无数英雄竞折腰。"然而时代不同了，英雄的使命也不同了。诗人胸中了然翻腾着一部中华民族史，一部壮烈英雄史，不禁高声，"俱往矣，数风流人物，还看今朝！"

看谁？看我！新中国的曙光已在天际冉冉！

当1954年夏天，毛泽东也像三国英雄曹操，"东临碣石，以观沧海"而提笔赋诗，就优雅从容得多了。"往事越千年"，新政府的领袖有时间从容，有舒阔的心情从容。世事沧桑慢慢想来，如秦皇岛外的风雨波涛。时光火车将我们从历史苦难中带出。又一个秋日，萧瑟秋风，换了人间矣！我的学生也会舒展在这换了人间的秋风里,怡情悦志。

我希望将诗歌的意绪对接到初中《语文》里去;我希望将这一首诗拓展到更开阔的时空。

这是语文第一课,词的文体正好上接中华民族辉煌的古典文学,毛泽东革命浪漫主义诗歌则正好开启一个新时代。写景叙志,少年心事,我希望学生都由此有宏大理想,将来有壮丽事业。凡事预则立,伟大的动力来源于伟大的目标,情商作用不可低估。假如使学生浑浑噩噩僵化在一首诗词的文本形式上,定会误了前程。毛泽东从长沙出发,走上了革命征程,走向了成功,更走向了艰苦卓绝。我们也从《长沙》出发,走进高中语文,走向灿烂明天。我们也一起到"中流击水"去吧!

上课之前,我就沉湎在这样的思绪之中。我的理由,上课之前的课文是作者的文本;我打算上课了,那课文必是我这个执教者的文本;而上课了,则一定要将这个文本变成学生的文本。

2006 年 9 月 12 日

五月十七日（叙事）

  1999年5月17日开了两朵鲜花。这是两朵月季，正开着，刚刚打开很丰满的花苞，晶莹的露珠正从它们很质感的殷红的花瓣上欲落未落，像一个孩子眯着眼才笑开来的笑颜。我一下子激动起来，为这两朵鲜花，因为这是我的花。它们被摆在讲台正中，明摆着精心布置的痕迹，讲台擦得非常干净，还有未干的水渍，讲台橙黄的色泽正好衬托着它们的鲜艳和生机。右边立着一丛白色的粉笔。我是在间隔两周之后重新走上这一方讲台的，我因为生病住院两周。

  我忽然有些慌乱地摆好课本、备课笔记，"上课！"喊出两个字，我的嗓子似乎有些失真，学生们仍然像往常一样有些稀稀拉拉地参差不齐地站起来，两个学生把桌子撞动了，另一个学生弄倒了椅子，很不和谐地响着撞击声。我看着他们，"同学们好！"嗓子仍然没有惯常的清脆，学生们仍然用懒洋洋的参差不齐的嗓音说，"老师好。"几个女生声音特别高，两个男生声音故意低沉而拉得很长。我扫视教室，学生们没有像往常一样临时翻找课本、笔和笔记。他们一律昂头看我，笑嘻嘻的，一脸很随意的快乐。似乎也有所期待，就像讲桌上的那两朵花。我把花向上移了移。

  我用左手板书课题，有些慢，但字还是写得很规范，只是有些像郑板桥的书法。我左手本来也可以写字，就写这种"艺术化"的变形的行书。我的右手像晚年的列宁一样斜插在胸前，一根白色的绷带吊着脖子。我住院就是因为右手肘关节一块骨头受伤需要开刀手术。学生们很稀奇我用左手写字,我听到很多"咦咦——"的声音,一个孩子说,"有两下子!"

四十五分钟很快就过去了。我下课的时候带走了那两朵鲜花,我没有向孩子们说谢谢,只是很开心地一直微笑着上课,流畅而有激情。临了,我特意笑着脸对孩子们说,"再见!"他们又一次稀里哗啦弄响桌椅,互相说话,咚咚跑出教室不知急什么事。两朵花也不言语,被我捧着,贴近我左侧的心脏。两个女孩跑过来问我,"老师,好了吗?"我说,"能上课了!""我帮你拿教本吗?""我能行。"她们跟在我的身后,一齐按我的节奏下楼梯。

我忽然想,1999年5月17日是快乐的一日,我拥有了两朵鲜花。原来住院的烦恼反而成了快乐的反衬,对比着今天快乐的重大和深刻——

我的右手早就有伤,一直痛,两周前就有些忍无可忍了。我要住院做个小手术是很方便的,我是县医院的家属,家也住在医院里。人们时常戏谑地说,"老吴你长期住院!"但我自己觉得抽不出时间住院。我在一所学校教书,还当了个"教务主任",乱七八糟的事无休无止。这时常惹恼我的太太。但我热爱我的工作,因为我教书一眨眼也有十七年了,已经有"除了教书别的事肯定不会干"这样的感觉了。但医生说,再不开刀就误事。那时我并不知道开刀手术之后我能拥有两朵鲜花。

例行请假,我对校长说,"我要住院手术了。""你不需要跟我说!向业务校长交代工作!与财务校长说好报销!"他忙,我就走了。我把请假条交给业务校长,他迅速折叠起来放进抽屉,"安排好自己的课!"我离岗之前为自己调了两周课。财务校长答复我,"报一百元医药费!"我说,"不能多点吗? 我十七年来没住过院,没报过药费。""这是规定! 除非死亡或者癌症全部报销,其他的按政策不住院一文不报,住院报一百!"

第二天我躺在手术台上。医院还是很有人情味的,医生们一边切开我的右肘,用凿子凿我的骨头,用刀削我的骨头,用线一针一针地缝我的皮肉。但同时为

我这个家属教师免去了手术治疗等费用。而吃药我得自己掏钱。这很公平,我吃饭穿衣也自己掏钱。那时只知道我拥有疼痛,还拥有一个人躺着的寂寞和对工作的牵挂。我不习惯一个人呆着,近五年来每年三百六十五天大约有三百五十天我都在办公室呆着办事。我在躺着的寂寞中没有想到有两朵月季花正在雨露与阳光中为我含苞待放。这比我十七年来分析的经典课文更美,也比我自己写的诗文更有情境。

有时候,生病也有生病的好处,你可以放下心来一个人呆着。我太太说,"你作诗吧!"这是她对我工作和业余爱好的嘲讽。因为我上班本来就忙,费时间也多,工作之余还总是一副苦思冥想的样子,想些生涩难懂的语句,仿佛别人读懂了,我反而没水平。她最看不习惯。但生病了总还是被人关怀着,我躺着看妻子孩子关心我,反而比平时幸福。朋友们也都来看我,因为我以前没住过院,他们都稀奇得很,与我谈心语言总是幽默而快乐,不会再抬杠顶牛了。同事们也来,来过两次,我再次感觉着女人的善良,因为来的是六个女同事和一个男同事。

校长们也在我假期结束的头一天来看我,他们带来了一纸箱梨子,我的业务校长牢骚说,"早叫他们来,催了上十天,都不上前办事,说是经手用钱办事沾手,不好报销。"我知道他在说工会的同志们,事后才知道,这次是业务校长自己垫钱买了一箱梨子。不知他事后是否报掉了这二十五元钱,要不真对不起他老人家了。但我还是很感激我的校长们,因为他们无论如何都是我的长辈。学校又有这样那样的难处!我自己心里生出无穷的温暖。何况,我还拥有了两朵月季花。我这一生史无前例。

1999年10月16日

关于唐美红(叙事)

一、唐美红的便条

2006年11月21日早读,学生唐美红递给我一张纸条,反映学习中自己付出了努力,但成绩不理想。

吴老师:

上课的时候我也认真听讲了,我也和别的同学一样做了作业,但为什么我考得这么差,而别的同学却能考得那么好呢?我现在真的不知该怎么做?我的心真的好痛,我觉得我对不起吴老师,对不起我的父母,更对不起我自己。我觉得我自己真的很没用,吴老师你觉得我能行吗?请您告诉我,我该怎么办?

唐美红

我看了,对她说,你很好,能自省,肯定是个有出息的孩子。子曰:"君子博学而日三省乎己,则智明而行无过矣。"你懂得学习的方法,懂得做人的方法,终会有好成绩的,也会成就自己的人生的。你能及时向老师报告自己的困惑,这就对了。我们因此会有很好的沟通,我会帮助你解决问题,提高成绩的。请放心。

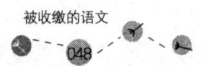

但我现在就有一个建议。你看看,你给我的信(便条)只是提出了问题,是吧?当然你是希望并且需要我来帮助你解决这个问题。老师建议你在这封信后面补写两段话,一对自己以前怎么用功作一个说明,好吗?对你遇到的问题也可以作出自己的分析,至于对不对就先别管了,说出你能感觉到的话,你心里的话,争取揭示出问题的本质来。好吗?针对问题,你好好想想,根据自己的分析,你提出自己的对策看看,你打算怎么改变这种现状,如何?

唐美红答应了。

二、我为什么这么做

我这么做的目的,不是为师偷懒,而是想用一种更科学更有效的方法来指导唐美红,希望唐美红自己能够做出积极的理性的反思。这对一个高中生来说很重要。

我要求学生自己思维,提出自己的问题,自我反思,自寻出路。一个真正的老师,一个智慧的老师就应该这样做。同样,如果唐美红这样写下去,这封便信就有了"议论文"的标准格式了。先提出问题,再分析问题,最后解决问题。作文教学也就不知不觉在其中了。

当第二节语文课下课的时候,唐美红匆匆跑出教室,又给了我便条。还是刚才那张纸,但她擦去了后面"唐美红"三个字,大概是觉得要继续写下去,这里就不应该有落款。这已经是一种清晰的"格式"意识了,是好的苗头。

唐美红在空一行之后,补写了三段话,果真是按照我的要求,分析了自己的语文基础差,理解能力不强,并提出了相应的对策。唐美红把自己的困惑分析得很好,说明她不仅有自省的动机和勇气,更有自省的能力。这是研究问题表达思维的能力,很好的。老吴因此而有点高兴。

"我认为我失败的原因是我的基础知识太差,有许多字和音就拿不准;还有,阅读理解不好,对文章的理解不透彻。

面对这些问题我应该多积累字词,把课上的一些字词都写两遍;我还应该多看看课外的文章。

我想如果我能做到上面所说的,我的语文是能学好的,吴老师您说对吗?"

呵呵,那当然对!

三、我指出了格式问题

不过我当即指出了这张便条的"格式有点儿问题",因为这是写给老师的,可以按照书信的格式要求,刚才的便条有对老师的称谓,有签名,但缺了时间,没写明年月日。当然,老师知道这张便条是即时性的,你写了交给我,我知道时间。但这不符合书信的格式。知道吗?这要养成一种习惯。

但现在似乎更糟了,不仅没有时间,也没有姓名,上面的姓名已经被你擦去了。其实,你不必擦去你的姓名,可以写上"又即"二字。再接着往下写。后边还是要写姓名写时间,知道吗?

要不,你另纸,纸有吧?

这应该就是作文教学,要使学生对作文的形式有理性的认知,有感性的经验积累。

关于学习的问题,我就不需要再说什么了,当即向唐美红说:"你分析得很好,提出的解决方案也很好,就这么办!老师等着你进步,好吗?"

唐美红点了点头,很高兴地回座位上去了。

四、我的感想

我觉得我把握了一个教育的时机,使用了正确的教育方法,体现了教育的艺术,这是应该的。

对这个事件我有我的反思,我们千万不能挫伤学生学习的积极性,千万不能挫伤学生的自尊,也不能使用告诉知识,强行灌注理念的简单教育方法。尤其是关于学习的方法,关于思维的习惯。我们要在尊重和诱导的原则下,促成学生自己进行"内在的"反思。如果直接告知,不能深刻领悟,则毫无效果。在解决已经养成的无效学习习惯时,如果学生没有内在的心理反省机制是不行的。毕竟要授人以"渔"。我以为这样更好。事后我再注意观察唐美红同学的学习方法、过程和效果,并及时指正。

五、关于唐美红

在我的资料手册里,关于唐美红有如下资料:

唐美红,女生,1990年9月出生,统招录取宿松二中,中考成绩518分,中考语文成绩92分。三次单元测验成绩分别为72分(满分150分)、83分(满分150分)、50分(无作文,满分90分),两次作文成绩,一次为A⁻等次,一次95分。入学总分在班级排名第21名。经过查核,中考总分全县排名4890名,中考语文单科成绩全县排名6193名。

上周段考,语文得73分(满分150分)。可以对比,入学总成绩班级排名中等,语文单科成绩下等。平时测验的语文成绩在中等偏下水平,段考成绩也明显偏低,(班上100分以上者2人,90分以上者10人,80分以上者33人。70分以上这个分数段为16人。)

这也就是唐美红反思自己,并向老师提问求助的原因。唐美红是很想进步的。

六、唐美红的优点

唐美红是有很多优点的,学习很认真,课后作业很努力,属于勤奋型女生,坐第三组第一位,正好在讲台前。上课是一副认真的样子,所谓成绩不很好只能说考分不高。如果用考试分数来评价,真的是如其自我评价的,基础知识不牢固,没有建立语文的知识系统,智力也一般,在这一段时间里没有显示其思维的张力。中考语文的92分也是在全县万人平均成绩线以下的。

但我还是对唐美红的学习前途看好,对其为人处世的前途看好,因为该生有学习的自觉,能认真听讲,能独立作业,能反思自己的不足,且有较高的"情商"。

可举上次作文为例。作文话题为"母爱",其写作的题目是《我的妈妈》,唐美红朴素地写下了她的农村家庭生存的艰难处境,母亲终日操劳,用十分详尽的细节写出了母亲善良勤劳的品质,且将母亲在无比劳累的空隙还设法关心"我"的生活,作了详尽的细节刻画,觉得无比的温暖。

我很喜欢这样情真意切的文字。将其打印出来张贴在板报上,并发给全班同学学习,以此作为对一种"情感"态度的提倡,一种文风的提倡,也是对唐美红的鼓励。作文虽然没有使用什么华丽的辞藻,在"质朴"中从另一个侧面反映了唐美红的"老实",她似乎忘却了语言的修辞和表达的技巧。但其对生活的认知水准是较高的。一个人的学习品格,一个人对生活的认知能力,往往可以反映一个人最基本的品格。如此,唐美红是有成为好学生、成为好人的潜质的。勤可以补拙。

来信反映了唐美红的学习是积极主动的,困而知畏,思而知学,这可以及时地解决学习方法问题。现在还只是高一,我们有的是时间,三年的语文知识积累和能力培养,自然会有希望的好结果。

七、我的分析

今年高一班级的招生情况不太理想,学生普遍低分。录取的第一名学生总分虽然有606分,但全县中考排名第1227名,成绩在3000名以前的只有24人。也就是说,我们教学的压力,三年以后高考的社会舆论压力非常大。这个社会不会有人听你申述为什么不好的理由的。半学期以来,我明显觉得教不进去,班级纪律也不好,一群麻雀似的,叽叽喳喳而又找不准谁在说话而实际是都在说话而又听不出说了什么话。这太恐怖了。

对唐美红同学的教育目标设计,要注意其成绩基础。如何对待一个中考全县4890名的学生?应届考上大学肯定不是目标,而该生的健康成长,如何学会学习,学会生活,充满自信,积极上进,不懈不馁,这才是首要的。我肯定不会厌弃她,更不会放弃她。这是我的道德,也是我的方法,这更要有耐心和教育教学的艺术。面对这样的事实,对我们老师的要求肯定更高更难些。

唐美红主动反思的个案应该作为典型,对全班进行启发教育。段考结束,应该做一次心理疏导,迷茫的学生不止唐美红一个。这是一个共性问题。也应该与同班授课老师举证,一起解决班风问题,解决学生的低落情绪问题,鼓励主动反思,主动学习,集体走出困境。现代教育理念强调学生的个性成长和发展,注重道德价值观的教育。我们不能因为一次考试低分而使学生困在悲观的迷途。

今天唐美红的来信,于我极有启发意义。我再次找到唐美红,作了一次长谈,肯定了她的优点,给她以鼓励。我以为唐美红会有信心的,也会快乐的。

2006年11月21日

"己所不欲"的学生(反思)

与其说"己所不欲"是一种思想,不如说"己所不欲"是中国古代的思想。因为古代的思想现在未必有意义。

但我说的还就是这个思想。那天我在一所省级示范中学上"展示课",教的就是语文选修《先秦诸子散文》中的《论语》"己所不欲"。我知道不可能在四十五分钟里把这个问题说清楚。但上课是有套路的,这个套路就是完成规定的教学程序,像体操比赛的规定动作,完成才能得分。我在课堂后十分钟设置了师生拓展讨论,请孩子们就"己所不欲"问题联系现实交流看法。示范中学的孩子就是优秀,一个比一个聪明,什么都敢说,且总是说得那么得体。他们从国计民生、身边小事到国际政治、热点问题,都能慷慨。我看有的孩子将来可以出任共和国的总理和外交部长了。真开心,打开了学生的话匣子,我的课就生动了。

但给我印象最深的是一个女生,她在说话中忽然话锋一转,很激动地回过身去举例,看着大教室后边黑压压听课观摩的老师说,"'己所不欲,勿施于人',老师总是给我们布置大量作业,要我们干这干那。请问,老师自己做得了这么多吗?"她的发言引出了哄堂大笑。

大家是被她逗的。这笑声里肯定有我们集体的羞愧和无奈。我立即给了这个女生最充分的肯定。她是敏锐的,坦诚的,果敢的,有独立的思考。我真诚地激赏。也代表同行做深刻的检讨。

是啊,老师自己都干不了的,却一而再再而三要学生去干。这就应该做深刻地反思。现在的教育是老师动嘴学生动手的教育。似乎已成惯例。老师上课讲题,有时也"板演",但大量题目都是念个题号要学生回家去"题海"。或许这个学科这个老师的任务不重,但语数外、理化生、政史地加起来,就不可能不多了。孩子们为什么总是累?不就是我们没有站在学生的立场替学生想一想吗?

我知道一个故事。一所初中"五一"放假,老师纷纷给学生发试卷,叫他们回去好好学习。结果是每学科一律九套,加起来多少?等于七天假期每天都全面统考一次还缺两天呢!那家长肯定不能在这个黄金周去旅游了,孩子更不能去。这个事情在小城引发了轰动。有说学校老师好的,看抓得多紧,真是一刻也不放松!有骂的,这还是正常人做的事情吗?"己所不欲,勿施于人。"学生是该好好学习,但这个好是什么方式?用什么方法?学些什么?训练的量度是多少?做老师的有没有思考?

我当然了解我的同行,说一句实在话,还不是"各怀鬼胎"。为什么给学生这么多训练题?现在教书,好一个"懒"字了得。这些训练题是现成的,有书商在后边催着你买,当然书商有书商的利润,学校有学校的利益,老师也有老师的好处。极而言之,收回这些试卷卖废纸都可以把那些收废纸的老头压趴下。现代教育,哪里才有人格承担?而真实的原因是学校和老师的"心理恐慌",这些试卷,如此考试,资料题海都是做给学生、家长看的,做给全社会看的。学校抓了,管了;老师付出了,严厉了。再要成绩不好我们是没有责任的。

而家长未必不是助长这种风气的人。一所学校比另一所学校少一次考试,看骂的!那必定满城风雨。如此一来,学校、老师能不作秀吗?但我们教师难道就不能有所担当吗?何必如此这般害人害己?

记得我高中时候就没有这些"宝典"资料,老师上课也自由,课后作业也不多。我高一的数学老师刘水映先生每节课只用25分钟讲新课,剩下20分钟要求我们当堂完成课堂练习,下课他自己带走。我们谁敢马虎?老师要的是速度。我高二学文科,数学老师万毅先生是个大右派,年纪老大,坐在一把藤椅上讲课,每节课只讲两个例题,慢条斯理,但一难一易,变化无穷。我们获得的却是真正的透彻。

而现在我们忙些什么呢?我当年的那些老师可都是极有个性的老师,更是有各自独门的教学方法。但最重要的是他们真诚,敢于承担,他们总是教我们从忙乱中停下来,说,"够了,够了。"

现在谁敢说这样的话?

而"够了"也真的就够了。我那时候似乎是一个"差生",成绩很一般,1980年也上了安徽师范大学。那年月,全省重点线上才几个人?我们县文理科状元都跟我一个大寝室,一个上了北大,一个上了复旦,也没见大家拼命做什么"宝典"。然而现在,我们为什么要如此虚伪做作地戕害自己的学生呢?

作为老师,我没有答案。我不知道政府和社会有没有。

2009年3月2日

一枝红杏（笔记）

又到春日，一枝"红杏"出得墙来。多迷人的时节，多好看的景致。但我对这样的红杏难免心存芥蒂，多年不能释怀。原因就是我曾经的女学生。

别误会，不是我的女学生"红杏出墙"。还小，她就坐在我讲台前边，真要浪漫那还早着呢。我的女学生端坐在亮堂的教室里一脸天真烂漫，正苦心读书默想高考，她哪能知道"红杏出墙"的暧昧。而我所痛苦的就是她的"不知道"。

"应怜屐齿印苍苔，小扣柴扉久不开，春色满园关不住，一枝红杏出墙来。"

多美的诗歌。这是宋人叶绍翁的《游园不值》。

春来访友，一路苍苔浅绿，屐痕斑驳。而庭院深深，柴扉轻叩，无人回应。这是何等幽静的景致。如此佳境，何人所住？叩门不开，人又何往？清幽又添神秘。而那庭院里的杏花，灿烂如霞，或许群蝶翩翩如舞，群蜂嗡嗡如唱。好一派热闹春光。然而红杏芳菲，枝出墙头，更是美出了别致。这透露的就不仅仅是大自然春天的美丽，以及访客对美丽景致的发现与欣赏，也透露了墙内主人隐逸里最热烈的生命气息。那隐秘的庭院何处？无缘的主人是谁？更令人向往。

这首诗是一道考试题，简简单单地印在高考模拟试卷上，要求学生做出鉴赏，说明"红杏出墙"的妙处。因为诗歌家喻户晓，每个孩子都会说几句的，得分不差。但那天评析试卷的时候，一个女生问我，"老师，红杏是什么东西？"

红杏是什么东西？这也是问题吗？我们校园里正杂花生树，其中不就有很多杏树吗？这样的问题立即将我"雷倒"。但我平静下来，就问这个来自乡村的孩子,你们村子里有杏树吗?她说没有。吃过杏子吗?她说,没有。我不禁默然。

可能是现在的乡村很少有杏树吧,在那美不胜收的杏花春雨江南时节,自然也就少有红红白白的桃李杏花。大约油菜的金黄是有的。因为油菜是我们这里重要的经济作物,还值几个钱。但现在谁会在自家门口种一棵杏树呢?我的女学生不知道杏花何物,情有可原。

你看看,这农村的孩子都不知道杏花何物,我这语文课如何上啊。既然孩子们不知有杏树,也就不知红杏为花,那诗歌的鉴赏又从何说起。这就不得让人不检讨了。现在,我们真的是关起门来给学生上课,孩子们很少接触大自然。即使是一个农村的女孩,也是自小就呆在学校里的,或许根本就没有放过牛,也没有砍过柴讨过猪菜什么的。而村头何处杏花,谁知道呢?

我童年的时候,村子里有很多从大城市里来的下放知青,村子里的老人就经常讽刺他们分不清楚小麦和韭菜。他们也实在是没有见过这些庄稼的。因为在城市,他们何处见庄稼?见庄稼干什么?有段时间时髦"批林批孔",批"四体不勤,五谷不分",弄得那些读书的大男孩大女孩很是羞愧,好像倒是文盲的乡下人挺有见识似的。但如今轮到我们乡下的女孩不知杏花何物了。真是世易时移。

我知道,对于植物、动物,现在城市的学生可能知道的比乡村的孩子多。因为他们可以去植物园、动物园,当然更可以去博物馆、科技馆。乡下的孩子从泥泞的小道上弯弯曲曲走到简陋的学校里来,不会关注那路边的野花何科何种何属。我就只能一个人反思教育的"均衡"何谓。当我们面对同样一棵小草,一树春花,我们的感知与情怀也未必是"均衡"的。

值得庆幸的是,我那不知"杏花"何物的女学生也考上了大学。这很值得我快乐。愿她在大学,在城市,在异乡,见识更多的花草,补一补老家农村的僻陋。

2009 年 3 月 4 日

被收缴的语文（叙事）

现在,高中语文只是课本上的语文,而不可能再有其他或者另外。许多学校也是没有图书馆的,有图书馆也好像没什么藏书,有藏书也不会让学生去看,让学生去看学生也不可能有时间看。

现在的高中就是这样。

而学语文仅仅只手捧课本是远远不够的,整天抱着那么一本语文课本也是学不好语文的。我上面的话或许不客观,因为学校会给孩子们发不少"教辅",那上面有大量练习。我统计过,对这些练习册同学们怎么对待呢？倒是很乐意填ABCD,做选择题;也顺便阅读那些阅读材料,假如这些选文有点趣味的话,比如小小说之类;但要动笔的主观表达就不太乐意书写了。学语文,我们不喜欢动笔。反正语文老师也懒,有时上课黑板上也没有几个汉字,好像高考"标答"每年也就半页纸,除了啰里啰嗦的年年重复的"作文评分标准",还就真的没什么文字。

我们是不是集体忽视语文呢？尤其忽视语文的"表达"。看看高考语文事后给出的"标准答案",其所给出的那些主观问答题的答案往往只是陈列"要点",而所表达居然不是一个"句子"。表达的言语不成一个句子,这样的表达完整吗？对此,我一直惊诧不已。

忽视就忽视吧,可能自己的母语早就好着呢。谁不是从娘肚子里就开始听汉语的？而且孩子们那么忙,语文自然退居其次。这是自然的事。有的孩子语言感觉就是不好,学也白学,高考就那么个分。而有的孩子语言感觉就是好,不学也好,高考也有那么个分。高考阅卷我不知情,我只是看"标答",好多"表述"并不完整,或者只是提供"关键词",也不见表达的"丰润"和"创新",只有唯一的"方便",不见多样性,更无生命气息。这样的语文终究指向何方?

据说,表达的创新与张扬个性都是很危险的,向来不被提倡。我很怀疑所谓的"高考阅卷",是不是真的存在科学的评判,或者所谓的科学评判纯粹就是"自以为是"的糊弄。近处取证,我们身边的荒唐言语司空见惯。

恕不举例。

我曾经给自己找了个理由,就两句话,"一切都是语文","所有的老师都是语文老师"。这是我教书二十几年的感悟,平时不轻易告诉人,以为是"独门法宝"。

想想,什么不是语文呢?甚至可以不听语文老师的课,就看窗外那柳树上的黄鹂,在这春天的丽日里,那只鸟……是有下文的。也可以什么都不看,就坐在语文老师的课堂上走神,那些联想……也是有下文的。我若瞌睡,那语文老师的"唠叨"未必有一个少年的白日梦精彩……

很多人都说孩子越大想象力就越低,是不是被教育扼杀了呢?再说了,要是会听课,会学语文,上课的老师也就不管他是教什么学科的,他说话,他解题,他书写,难道不是语文吗?是的,那都是语文。我每年都找那些喜欢说话的老师做搭档,多好,他们喜欢说话,我的语文学科就沾光了。

但语文是最不受重视的学科,因为仿佛谁都能啊!那什么是真正的语文呢?我的答案不算数,得由校长以及班主任决定。真正的语文老师一般都是学校的沉默者。若不沉默,比如我,那只能是迂腐。

比如,孩子们在教室里看课外书籍,大多会被收缴。有时候是看书的时间不对,在别的老师课堂上看小说会犯忌,触犯了那老师的尊严。晚自习看吧,老师也来收缴。老师是怕你没有做题目,耽误高考,影响前程。反正只有捧着课本才不

被收缴。其他的，武侠小说要缴，色情小说更要缴，什么期刊或者文摘都被认为是不应该看的……什么是语文，是不由语文老师说话的。甚至，我们一些语文同行也这么收缴学生的"语文"。

　　当然，我今天站出来说话或许是我教语文且自己喜欢读闲书，写散文。有的学生课桌上就摆着我的散文集。一些孩子喜欢我，摆一本，两本，三本，碍于同事的面子就不收缴了。但当面都要劝告，背后或许有讽刺，"看能的，那会让学生考多少分呢？"或许真的考不了多少分。而我自己当年的语文高考分数还真特别的"低"，低到我不好意思说。但什么是语文？语文要干什么？语文与人类的物质生活精神生活的关联是什么？我现在肯定是清楚的。

　　对于高中语文教学我是坦然的，也是淡然的。我的学生未必有很高的考分，但他们大多很愉快，能说，能写，知道语言里有情感有痛苦有欢乐甚至一切。我对一个示范中学的同行朋友说，别那么轻视语文，你那些优秀的学生高考语文要没有个像样的分数，想进好一点的大学是不可能的。看看，我们自己的母语高考就得个 90 分，100 分，虽不少，但毕竟丢掉了 60 分，50 分。这不能不羞愧，甚至恼怒了。

　　为什么学生课外阅读，被收缴的都是语文呢？我很困惑。

　　而在我们身边，谁又真正学好了语文？谁又真正懂得如何才能学好语文呢？我希望继续追问，什么是语文，语文的范本在哪里。

　　每读闲书，知道天才如李白杜甫韩愈苏轼的文字，不也被历朝历代的学问家指责吗？虽然人人都在学语文，却人人都在鄙薄语文。我们处身的现实是指责多于宽容，不屑多于激赏。在语文课堂之外，似乎人人都是语文的行家里手。高考不一定就是终结的考试，对于"语文"，四周那些指指戳戳的手指总令我"目眩良久"。

2009 年 3 月 3 日

请香蕉皮上课（叙事）

我走进教室,上午第二节课。讲台上有一只香蕉皮,一只什么奶的饮料瓶子。一个高个子男生正在抡着胳臂擦黑板,动作有力而夸张,幅度很大,仿佛他擦的是整面墙或者天空。然后板擦重重地丢在讲桌上,溅起一阵白灰。他下去。他差点踩上了这块香蕉皮,回头看一眼,骂了一声。哄堂。

这是两样被废弃的东西。但它们呆在讲台上。我在考虑,我上不上这个讲台呢?上去,我就跟这些废弃的东西并列在一起了。若不上去,我去哪里?难道我有理由缺课,或者可以去另外一个什么高级地方?似乎除了教室,一个老师再无可去之处的。这由不得你喜欢不喜欢,高兴不高兴。心里肯定"咯噔"了一下,我是没有理由高兴的。

孩子们的表现不符合我的理想,难道不是我的任务?如果孩子们很优秀,要我干什么?一个老师想要体面,甚至尊严,那只能是努力之后的事情。有时我们很多老师把上课看作下地狱,那地狱也应该是"地藏菩萨"的地狱才好。

我必须调整这一节课的教学内容。

语文老师上课非得有确定的内容么?就事论事或者即景生情,也是不可回避的智慧。语文只要语言,或者由语言技巧而至于情感思想,而终至于人的本身。我刚刚在这个有香蕉皮的讲台上结束了"小说"专题的选修,今天要开始《先秦诸子》的教学了。原打算从孔丘先生的"礼"、"仁"、"恕"开始,看来现在只能从这块香蕉皮开始了。这应该是上一节课留下来的"情节",这块香蕉皮无疑也是属于"非礼"的,但我却必须"恕"而已矣。

课间至少发生了三件事。

有一个人吃了一只香蕉,不能说他或者她贪吃,只能说这孩子肯定是幸福的,课间有香蕉可以吃;一个人喝了一瓶什么奶,也不能说我高二的学生还是婴儿,只能说这孩子肯定也是幸福的,课间可以有奶喝。而教室里就整天地摆着整桶的纯净的矿泉水;最后是互相追打了一番,香蕉皮和饮料瓶子是作为"武器"被投掷到了讲台上的。我这样想,是不愿意认定他们不是互相追打,而是故意分别把香蕉皮和饮料瓶直接扔到了讲台上,好让我看见并且闻到香蕉皮的气息及什么奶瓶的滋味。

我上一节课讲的就是"烽火岁月",战争题材小说,刚分析了莫言的《红高粱》,这里的战斗也似乎跟莫言风格类似。我在教材教参大纲之外加入了"常态和非常态生活"以及"人性和非常态人性"的讨论。是不是我生发得多余了呢?讲台上的香蕉皮也应该是"非常态"的。

教室里一直有垃圾,这是新教学楼,启用才两个月,虽然我倡议过让大家不丢垃圾,让大家管好垃圾,让大家带走垃圾……但无论如何就是不能杜绝垃圾,因为校园里到处有垃圾,那是我们根深蒂固的陋习。

我就拿香蕉皮做文章了。

我说,今天贵班要请一位香蕉皮老师上课吗?要请一位什么奶瓶老师上课吗?那我就不上了。如果要我上课,我首先就要捍卫我的讲台,这是我的领地,这是我的尊严。今天谁值日?谁负责管理教室卫生?老师不愿意跟一块废弃的香蕉皮站在一起,羞于同列也。

孩子们哄堂,接着就有一个男生红着脸来打扫了。我要说出的是我的不高兴,我要加强的是一个集体管理者的责任。我喜欢这个男生的"红脸"。但为什么刚才哄堂大笑的时候没有更多的人红脸?我说,这个时代真好,你们真幸福,老师要忆苦思甜了,要妒忌你们的幸福生活了,你们有香蕉吃啊,有奶喝啊。但在你"幸福"之后就把这些不再幸福的香蕉皮、什么奶瓶留给吴忌老师吗?

我忽然故作"厉色"。但没有人敢于承认吃了香蕉,喝了什么奶。

这才是我们的中国嘛,立即承认?不可能的。我笑,我已经不生气了,因为我"恕"了。

如果有人承认,就不是我们的中国,就不会有自己不要的香蕉皮扔到讲台上去的事情发生。至少当值日生去扫讲台的时候,当事者就会站出来处理"自己的香蕉皮"。我说,如果有人承认,我才意外呢?大家又都哄笑,但还是没有人表达"羞耻"之态。他们看我,跟鲁迅《阿Q正传》里的人看阿Q被砍头一样。

我回到一个老话题上,我总是企图修正孩子们的修养,使他们有高尚的行为习惯,有完善的美德,我希望我的学生能够成为一个有修养的人,将来找到高雅的工作,过高雅的生活。但现在,他们课间扔香蕉皮的时候还不是。所以我有必要再次演讲,再次生发。你每天都有香蕉皮可以扔吗?你将来会在一个可以扔香蕉皮的地方生活,工作?那是一个什么地方?当你扔香蕉皮的时候,大学可以在不知情的情况下录取你,公司或者政府也可以在不知情的情况下录用你,你的爱人也可以在不知情的情况下娶你或者嫁给你。但时日既长,你这个没有修养的人会有怎样的未来呢?我不说你将下岗,失业,被离弃,但至少你将被厌恶,被鄙视。因为你的生活没有美感,你也不能给周围的人带来美感。而现在,我就鄙视你。因为这个班有了你这么一个没有基本修养没有公共道德的人!我们也可以鄙视这个班级,这个学校,这个县,这个省,这个民族,这个国家。你与一个恶人或者暴徒何异?你与一个叛徒或者汉奸何异?即使当你回到你自己的行为极端"自由"的家里,你乱扔一只香蕉皮,恰好被你老娘踩上,是有这种可能的,你老娘就摔个仰八叉,这可以有美感,是吧?因为你老娘可以摔出一个优美的舞蹈姿势。但最坏的结果是你老娘因此而被你"杀死"了。那你是个什么东西呢？

我说到这里的时候，就鸦雀无声了。

我说，我们今天开始《先秦诸子》散文的教学，从孔子开始。孔子在两千多年以前的课堂上，他的学生颜渊问什么是仁，孔丘老师说，"非礼勿视，非礼勿听，非礼勿言，非礼勿动"。你们，今天，"非礼"了我！

这要在平常的语言里，"非礼"是可以很暧昧的。但居然没有学生笑。

我今天根本没有完成我预设的教学任务，我也并不开心。我还是与被吃过的被扔到讲台上的一块香蕉皮一样的教书匠。而孔丘老师当年就高兴了么？不也"惶惶如丧家之犬"？我们这两千多年，社会或者人心到底有多大个变化呢？我一个女同事曾经告诉我，她带她两岁多的女儿去乡下走亲戚，小家伙回来感慨，今天真快乐。问为什么，她居然说，在奶奶家可以到处扔东西，没有人管我呀。

看看，这就是眼下的中国，我的中国。

2009年6月5日

弈秋现在又如何（笔记）

忽然想,弈秋现在如何呢？这我并不知道。但围棋鼻祖弈秋的故事一直勉励着我们,我由此知道,一个人无论是学习还是工作,最重要的就是要"专心致志"。否则得到的必然是失败。

在弈秋生活的年代,弈秋是个超级棋手。我不知道那时候棋手怎样生活,有哪些国内赛事,国际赛事,奖金多少,可以做哪些知名产品的形象代言人,收入多少。但要在今天,弈秋就是棋圣,是天王巨星。可能也男女粉丝一大堆,绯闻一大堆,身后紧跟着无数娱记和狗仔队,为大众提供不尽的八卦娱乐。但历史似乎不是这样。因为作为孟子的寓言素材,孟老夫子不可能有如此媚俗的倾向。这不符合老先生的"道"。

不及其他,只谈"弈秋诲弈"给我们的启示。弈秋不仅是一代围棋高手,博弈天下无双,且是个好老师,好教练。拿孟子的寓言《弈秋》来教育现在的孩子们,再合适不过了。且弈秋自己也检讨过因比赛"分心"而失败的遭遇。这很诚恳。我现在带的是高三,我的学生在初中肯定是学习过《弈秋》的。果然,他们在我的课堂上都有很好的修养,为了高考而专心致志,惟老师之为听。

但最近我又有些迷惑,举例简述之。每当我去教室时,才到楼梯,近教室的后门,教室里嗡嗡嘤嘤,似乎大家都在说话,也可能是在念书,也可能是我耳鸣。因为我高血压,一直耳鸣。但我到了教室,就鸦雀无声了。此不足为奇也。偶尔课间或晚自习坐班时我离开教室,比如回办公室拿个试卷什么的,课堂立即又嗡嗡嘤嘤起来。我返回讲台,又鸦雀无声了。是不是孩子们喜欢讲话呢?会讲话是一种能力,喜欢讲话是一种兴趣,在我这个另类老师的眼里有无穷的"好"。

但不然,我在课堂提问,大多"无人接听"。他们都一副坚强的革命党模样,无论问什么,无论怎么问,每每充耳不闻。少数人埋头做思索状,绝大多数则埋下头,一副死猪不怕开水烫的模样,任由你剥皮抽筋。从何时开始,这些孩子变成一台被关闭的收音机了?更可能是坏了,收音机坏了我有经验,拍打几下又会唱起来。但我想千方设万法都不能把这些被关闭的收音机拍出声音来。

我起先生气,上课不交流,这书怎么教?我们又不能像县长开群众大会,说了就是做了,管你听不听。且政府的政策、领导的指示,不反思不追究最好。但我上课,要学生理解透彻啊。后来我就怕,以为班里都是弈秋老师的好门徒,学习"专心致志"到上课眼珠子都不转一下。我用提问将学生提起来,他们都低头做誓死抵抗状,像一只只愤怒的准备进攻我的野猪公牛。且要站久了,就气噗噗的,有时候右手不停地把玩一次性中性笔,有如野猪公牛前肢不停地在刨土。嗨,我的学生仿佛专心致志到无思无想了。

我忽然就想,寓言《弈秋》是不是存在教育理念的偏差?"惟弈秋之为听"就可能学好围棋么?"虽听之,一心以为有鸿鹄将至,思援弓缴而射之"就错了么?(《孟子·告子上》)我看不尽然。弈秋老师有辅导资料吗?有各种各样的信息卷吗?有模拟考试吗?不得而知。至少,"惟弈秋之为听"似乎就丧失了独立思维,有读死书的嫌疑。而"一心以为有鸿鹄将至"的那位同学也只是兴趣广泛而已。成功,什么是成功,思维活跃,从而获得最广泛的信息,更是现代人才啊。我就十分思念那位"一心以为有鸿鹄将至"的同学。在我的教室,你外边弄再大的声响,孩子们都无动于衷。

而现在是春天,我们校园的天空上真的有大雁北飞。他们关注过吗?更远的,海地、秘鲁地震,玉树地震,新疆暴雪,西南大旱,他们知道吗?波兰总统的飞机摔了,他们知道吗?楼市泡沫房价飙升,他们知道吗?教室的窗子上落着很多麻雀,他们也视而不见。这是麻木。孩子们一脸"专心致志"仿佛梦游到了虚空里。

但我倒是希望自己的学生"一心以为有鸿鹄将至"。活泛点儿,那多好啊。练习试卷上的阅读材料有关于上海世博会的,一个学生问开世博会干什么,说他一头雾水。我故意说,好玩。并建议他高考之后去上海玩玩,如果没钱,不要紧,介绍他个打工的地方顺便看世博会。那真是好玩。这孩子更是一头雾水。仿佛我们已经不知道什么是玩,为什么要玩,怎么才好玩。

我看我们都玩完了的。孟老夫子的理想也玩完了的。即使"通国之善弈者"弈秋复生,他那两个徒弟都混不开世界了。一个念死书,将来肯定无人聘用找不到工作,无什趣味可能也找不到老婆。另一个东瞧瞧西望望的坐不安席课堂纪律不好,那不仅操行不能合格,素质评价也达不到大学录取标准。再者,他不能"惟弈秋之为听",怎么高考啊。

有趣的事情是不可抗拒的,弈秋自己也不能。另据《弈秋败弈》记载,弈秋"当弈之时,有吹笙过者,倾心听之,将围未围之际,间以弈道,则不知也。非弈道暴深,情有暂暗,笙猾之也"。趣味的美感不一定在于学习,也不一定利于学习。看我们现在把学生管成什么样子了。学生们都不喜欢上课考试,孩子们"虽与之俱学,弗若之矣。为是其智弗若与?曰:非然也"。

对此,我不能评价。

2010年4月20日

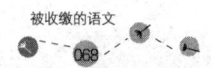

谛听这最后的下课铃声（演讲）

同学们好。巧得很，今天由我来给大家上这最后一课。并由我宣布，上完这一节课就放假。大家都回到各自家中休息，休整三天，然后精神抖擞地回来高考。请记住今天这个日子，2010年6月3日上午第三节课，这是大家高中时期的最后一堂课。"最后"总是值得记忆的。这个"最后"既是我们整个高中的结束，也是我们走向社会的新开始；是我们胜利的前夜，是幸福的新起点。由此我们将在缅怀中学岁月的同时，展开崭新的人生。我提议，为这最后一次上课鼓掌庆祝！这也是我们这个集体最后的掌声啊。我就此把这些掌声收集起来，既作为今后幸福的记忆，也作为礼物，送给大家的高考，送给大家的未来。

我，也为孩子们鼓掌了！

同学们，三年的高中岁月就此结束，老师感慨良多。想想，老师是怎样看着你们入校，风雨寒暑，坚守三年，看着你们像绿树一样成长，像鲜花一样灿烂地成熟。不是吗？三年前那一个个"丑小鸭"都长成帅哥靓姐了。一个个都长得比老师伟岸了，当年见着老师就低下头看自己脚尖的羞涩少年都会写情书谈恋爱了。不是吗？青春真是壮美无比的岁月啊。这三年你们不仅学到了知识，长大了身体，更是丰富了心灵。我为成长的青春，为成熟的青春，鼓掌祝贺！

孩子们，毕业在即，老师要说，我会留恋、会想念你们的。在此我愿意重复平时常讲的一句话。"你们是老师的唯一。"三年，我只有你们！除此之外，就是空寂！你们的成长对应的是老师的衰老,你们的丰满壮硕,青春洋溢,对应的是老师越来越多的白胡须。这三年老师批评过你们,骂过你们,甚至故意刁难过你们。但这都是为了磨砺大家的成长。希望你们更加优秀些,成长得更加快捷些。说句掏心掏肺的话,老师三年的生命不都转移到你们身上了吗？我的岁月并不是衰老,而是重生,像一株庄稼,分蘖得更多。现在,在一个老师的面前洋溢的是五十一个青年似锦的前程。

可能有的同学还在为自己的命运感叹,怎么就成了宿松二中的学生呢？觉得自己人生实乃大不幸。这实际是没有必要的！我以为大家这三年是何其幸福的三年。因为有更多的人没有读高中的机会啊。而宿松二中的老师也从不鄙视大家,从未放弃你们的未来。老师们不都在三年如一日地关心呵护大家,严格要求大家吗？我说过,我若放弃你们就是放弃自己。所以我积极,所以我严厉。这里我再次提示大家赶紧放弃厌世的坏情绪,放弃自卑,放弃怨天尤人。记住我们已经获得了的东西,并且珍视,珍藏。同学们,我以你们为荣,也请你们以宿松二中为荣,以老师为荣。记住母校老师们包容的胸怀,不气馁的精神,无望而持之以恒的付出！

有一点大家可以广告天下,你就是宿松二中的学生。因为你们可以证明宿松二中的优秀,而不是相反。我看没有人因为宿松二中而鄙视你。而你作为吴忌老师的学生,也没有人因此而轻视你。老师我就从不自卑,甚至反而自负。我这个语文老师是出版过三本散文集并获得过安徽省政府颁发的"安徽文学奖"的老师;是安徽省教坛新星;是特级教师。谁可以因此而鄙视你们？我倒是希望大家继续向老师学习,不是继续上我的语文课,而是学习我不懈上进的精神。宿松二中不是一所名校,社会本来就不会给这样的学校更多的机会,也不会给这样的学校老师提供更好的发展平台。但我能如此坚韧地成就自我,你们谁又不能创造属于自己的辉煌呢？孩子们,老师我不求"学高为师",但追求"身正为范"。你们也不要放松每一时刻,不要放弃一点一滴的自我努力。

作为大家的语文老师,我还要告诫大家的是,语文学习永无休止。以后我不当大家的语文老师了,就请大家继续阅读吴忌老师的文学作品,并广泛地无时无刻地向社会学习。我一贯以为语文无所不在,请大家倾听大自然的节奏,倾听嘈杂的市声,倾听父母亲人的唠叨,倾听自己敏感的心跳,甚至倾听对手故意的谩骂,倾听敌人恶毒的诅咒。更应该倾听那些遥远而悠久的历史回声,使自己成为一个有民族意志的有中国文化修养的"中国人"。甚至要更进一步倾听到未来的激越声响,那是时代前进的步伐,是人类幸福的门轴的吱呀声。什么是语文?就是人与人心灵的沟通,就是人与大自然、与历史文化的交汇。阅读与书写,思考与言说,思想与情感,语文无所不在。这些,如果被同学们铭记,就如同吴忌老师永久地坐在你对面,与你对话,促膝交谈。如此,语文能力也就会日渐长进,生活也会更有趣味。

最后一堂课,高考是必须说一下的。我一贯以为高考不必太紧张。因为高考是一件自然而然的事情。三年的教学,三年来的每一天,我们的学习积累,一切的修为都是在为高考而备战。现在高考临近了,我们反而应该放松些,即使轻视之亦无妨啊。不就一张试卷,21道考题吗?不就3篇文章的阅读,1篇作文的写作吗?不就涉及语音,文字,语汇,句法,修辞,逻辑等等学科一点点常识吗?谁不会甄别错别字,病句?谁不会甄别有悖于逻辑事理,有违于人情世俗以及所谓科学、真理的事实?若以"仁人之心""志士之怀"阅读之,表达之,一切都将顺理而成章。语文考试只要静心安神,确保书写的规范,确保在应该答题的地方写出你真切的见解,就OK了。反正语文阅卷也不会被人给满分。一些人总会挑这样那样的毛病,就让他们挑好了。我们也不指望满分,但总会有分的,且会有不少的分!或许语文科考分比理化生综合得分还将多些呢!孩子们,不可能有你们做不出来的语文考题,这一点我可以给你们担保。这是老师的自信。

而我的担心不是没有。我最怕大家紧张,焦虑,更怕大家失望,自卑。这不是单由语文课解决得了的。这要考究到大家的农村出身,穷乡僻壤的成长背景,考究到社会的飞速发展以及复杂人性的急剧膨胀。面对生存的压力,谁可淡定? 但我们应该有与时俱进的胸怀,有自强不息的意志。孩子们,我警告! 只要你稍一"灰心",你立刻就只能是你老家山旮旯里的"农民"了;你立刻就只能是标准的"农二代打工仔"了;你立刻就只能是被国家救济扶贫的"穷人"、"衰人"了。我们不能这样啊。你就自信地高考,不懈地答题,要像高一语文课的开篇毛泽东先生一样,"到中流击水,浪遏飞舟!"人生若希求成功,非心存大志不可! 而我们回答的就是自己的整个人生。即使做农民,也要做一个现代农民! 去科学种田,去集约化经营,去搞你的规模化现代农业;即使去打工,也不要以农民的身份去打工,应该去当技术"蓝领",智慧"白领",甚至运筹帷幄的"金领"。因为你已经掌握了相当的文化与科技。如果你站在了现代化的流水线边,这就是一个农家子弟的最大成功! 而下了班,你就穿着西装去陪"大城市里的土著"一起散步,一起喝咖啡吧。须知,中国不再是你父母亲青年时候的中国,也不是以你那个闭塞的山村为代表的古老的农业中国。我们应该有现代化的立场,有大国的情怀。作为2010年的中学毕业生,你将进入高校,进入职场。这些,老师是必须告诉你的。

　　同学们,我就说这些了。我没有在最后一节语文课专门指导大家"猜测高考试题",反而说这些"闲言碎语",希望大家抛弃误读而细心领悟。如果你通达了这些"人情世态",通达了这些"国家立场",通达了这些"人类情怀",语文会考得更好些的。

　　最后,请大家收捡好自己的书籍文具,打扫教室,整理课桌。我们为撤离相伴三年的教室做个准备。大家也酝酿一下情绪,然后安下心来,倾听这最后的下课铃声。然后,我们集体鼓掌,告别我们的教室。我们由此起步,走向未来,走向未来的辉煌!

2010年6月3日

执着的蓝（书信）

我刚从《诗经》解读里出来，读到你的来信，令我感动。这个年代物欲横流，重名利而轻精神。而今却居然有你，从"有钱"的银行系统出来，去大学专门研究"美学"，而后转行专门从事"基础教育"。我看你人在洛阳，时下虽是冬日，却使我依然感觉到了洛阳牡丹那春天般暴发的生命，那是一种有尊严的"富贵"。从事基础教育的人若都能如你这般，从不苟且，且为学生稍稍落后于人而流泪，这才是我们这个时代"基础教育"事业所急需的热忱，是一种殉道的热忱。我要向你致以最崇高的敬礼。

就你信中所言，我看只是一次考试学生得分稍稍落后于人而已。这不能叫做失败，尤其不能将一切责任都归咎于执教者。教育的得与失，胜与败，不仅仅在于考试的分数高低，尤其不在于一次得分的高低。我们尊敬的中常委不也有排名在最后的那位吗？而谁敢藐视他？北大、清华录取的那些"天才"，每年不也有分数最低的那一位吗？我们应该在考分面前保持冷静的理性。这需要有长远的战略性思考。田忌赛马尚且故意输他一局呢！被我们计较的，应该是那最后的结局。那或许就是高考之决战。目前你尚在高一，早着呢。急什么呢？且最后，还应该更后，我们应该关注的，是我们所教育的学生，能否在更高的境界成人。那是遥不可及的将来，我们还有时间。其实，学生的未来也就在我们每一堂课上，就在我们教师的每一句话语之中，并不在一蹴之间。

应该淡定一些,应该立足于长远,不锱铢必较于校内平行班级的评估。排名落后的家伙总是有的,为什么不可以是你?我在我们学校就经常当这个殿后者。且我经常以一个教务主任的身份当这个殿后者。要明白,一切都在不知不觉的变化之中。只要我有我的目标就行。

你初入普高教育这一行,急是可以理解的,有不输于人的志气是应该被尊重的。但要明白,我们所教的学生有个性与天资的不同,而我们自己作为教者亦有风格与方法的不同,往往短期分不出高下。短期的"高下"意义并不太大。我的意思,即使一个年级10个班或者更多班都由全校公认最了不起的那位仁兄去执教,那些班级也会被排出名次先后来的啊!俗话说,十根指头有长短。正常。

我倒是从你的来信中读出了很多人无你有的优秀品质。一是急,这是急于事业,急于学生的成长、成才;二是哭,这年代有几个为工作舍得眼泪的人啊;三是不服输;四是主动谋求对策,甚至不远千里与我讨论;五是事业心强,对事业极其专注投入,心中时刻想着的是学生,总以学生的得失为自己的得失。这是时下人所难有的。而当老师有了这些优秀的品质,假以时日,这个老师终将会成为一个真正的优秀教师,且必是"仁师","人之师",而不是一般的教书匠。

于这一点,大概我现在就可以为你担保。

我愿意与你讨论几条语文教学的经验——

一是你刚从大学里出来做中学教师,要从主观上远离你心目中的"大学教授",千万别在中学生面前模仿博古通今的大学教授。中学教师不只是自己"说",更要引导学生自己"说"。我以为如何滔滔不绝地阐释学术是大学教授们的事业,而如何设置出浅显的实际问题,诱导启发中学生"说出"自己的感受,也不由"一个学生"说出,而由"更多的学生"纷纷说出,且言语得体,这才是最重要的。我们不仅仅是知识的传授者,更是智慧心灵的开启者。若如此,课堂也会很生动的,学生的兴趣,学生的能力自然也都跟上来了。

二是设计教学,组织课堂,都必须用减法,执教者不要"给出"太多。另外,趣味于"索引"与"考据"那是大学课堂里的事情。中学语文老师面对一篇文章,应该考虑如何说得少,从而使"课堂"清晰,使学生"理解"透彻;"说"清晰,"记忆"完整。这就要求我们在上课之先有"综合"与"分析"的技巧,有凝练地结构课堂的功力与习惯。而新入行的老师往往容易过分地积极,"爱心"无限,从而使课堂面面俱到。这样一来,可能自己累,学生也累,教学的结果或许反而茫然矣。当然能够求其教得"少"而达到教得"精当",则需要假以时日方可探其幽奥。你若认可这样的路径,不妨试试吧。

三是务必取信于学生,让学生信赖你,听你的,甚至亲爱你,崇拜你。这样,许多事情我们就不用自己做了,不用起早贪黑地督促,学生自觉自愿就兴高采烈地完成了。比如记忆课文的注释,写出课文里的难字,背诵名句名篇并默写,上课之前准备应对老师可能的提问,等等。让他们自己干吧,学习是学生自己的事情。而我们要做的则是使其自觉,使其知道学习的方法,使其遵守本老师执教的规矩。而"规矩"是可"随意"但决不可"苟且"。于此,老师需要"固执",不必让步。比如我在高一第一学期第一学段,就特别强调学生的书写,行文标点,作文字数不得少于八百,且看上去段落分明,特别是任何试卷任何题目下都不准"留空",课堂上必须积极发言……我在这些细节上特别严厉,甚至"严酷"。若如此,久而久之,无论什么考试,孩子们总会有一个不错的得分。

四是我们虽然只是教中学语文,但解读文本也应当从大处着眼。我看你已经从郑州大学研究生毕业了,你的素养已肯定高于一般语文老师,既有系统美学理论基础,更有热爱读书和写作文学作品的习惯与功力。你的教学就可以高于惯常的"语文课"。只是应当从"细处"着手,即简化你的教学设计,淡化这些文本的难度,使学生阅读作品也能够从"小处""悟出""大道理",即使我们每课只能得到一二三那么一小点,日积月累,就会到达更多更高。我以为语文教师最好同时是作家,文学批评家,社会学家。最好还是一个特别热爱生活的人,有趣味的人;是一个有深思的哲人,是能够时刻从平凡处发现诗意和美感,提炼出思想的诗人。若能如此,方可最大可能地体贴作者,参悟文本,进到学生的精神世界,以自己的生命链接学生的每一个学习环节。

有一点我必须告诉你,别以为你"半路出家"教语文就一定技不如人。可能恰恰相反。很多人一生都在教语文,其实并不爱语文,也不懂语文。他们只能认字,调理几个无情的语句,有的人离开了"教学参考"或者"参考答案"就不能教书了。我一贯的观点,一切都是语文。执教者自己就是语文。一个人社会阅历越丰富,内心越纷繁,他参透文本,参透人生,参透社会存在的可能性就越大。你是可以的,因为你有对文学的热爱,有对语文教育的执着。说白了,无论文学写作,还是解读文学创作;无论是学语文,还是教语文,都必须以人为本,执着于生命的立场。而其实,我们目前的基础教育是"有病"的。那么,我们在"应试"面前,就应该保持适度的清醒。既可入于其中,又可出乎其外。

自信一些吧,只要不自负即可。

不见外。千里之遥,第一次通信就说这么多。人之患在好为人师,然我并不愿罹此苦患,只是在与一个执着的远在洛阳的优秀语文老师交流一点我的从教体会。而已,而已。

见笑了。如不嫌我啰嗦,再谈。

2010年12月3日

献出美玉

被收缴的语文——一位语文特级教师的工作札记

上早读（笔记）

学校里早晨，书声琅琅。教学楼就像一台台巨大的柜式收音机。那些组合的音箱，一到早晨就播放琅琅的读书声。城里的学校七点钟上早读，乡下的学校更早些，天麻麻亮。而实际孩子们来得更早，不只住宿生，走读生也早就到了教室。孩子们自觉，勤奋。其实他们喜欢学校，喜欢跑到教室里哄哄哄念语文，念英语。有时候文科学生也背诵政史地，理科学生背诵理化生。

当然也有迫不得已的孩子，校规并不允许迟到，以为"遇事迟到"是一种恶劣的品质。班主任总是来得更早。六点半之前甚至更早，班主任们无论男女老少都一个样子，双手叉腰一脸威严立在教室门口。要得到清早的表扬，很难的。迟到，则是十足的贬义词，迟到就是违纪。众目睽睽，很丢他们青春的面子。

我时常也这么赶早，每周三天有我的语文早读，有一天由我负责全校考勤。七点钟之前，当班的语文、英语老师如果还没有到达教室就要受批评，不到则被记录旷工，被扣"工钱"。学校就是这样严格。任何一个孩子，他们美好的未来都是这么"苦"出来的。而老师那么个严厉的样子虽不可爱，却是"道义"使然。

现在的孩子已被我们训得很乖，迟到了就自觉站在座位上读书，"鹤立鸡群"。在一群都坐着的人里，你一个人突兀地站着，也是惩罚的一种。有的则干脆背着书包站在教室门外。但书还是要读的，而且还要读得格外响亮。因为被亮相"惩罚"，所以要争取"大声地"立功，感动老师，争取被老师早些"宽恕"到教室里边去。

当然我们不会体罚学生,体罚违法违规。但上级规定可以适当地惩戒,善意的,好让孩子们长点记性。

我考勤时要跑遍36个教室,遇着站在教室门外的孩子,有时就忍不住对他们笑笑。因为我当年也这么在教室门外站过。这使我想起自己同样苦涩的青春。迟到罚站的规矩不是什么新规矩,早被那些刁钻的前辈师爷注册了专利权。有时遇着自己的亲戚,遇着熟人的孩子,也要煞有介事拉长了老脸告诫几句。他们都噢噢噢噢地敷衍我,彼此都没什么趣味。有趣的是,时常有不好意思的女生在我微笑而过的时候瞟我一眼,嘟一下嘴,然后低头。胆大的还对我这个教务主任表达抗议,斜视,然后,"哼!"好像是我要罚她们站。但这也很生动。尤其是在冬天里,天色未明,走廊里还有些阴暗。我每次都很温暖地乐。

但读书是一件很苦的事。"书中自有黄金屋",而教室里的"黄金"没什么用处。谁要不服气,好办,只要你能遵守我们乡下高中生的作息时间,就算你有种。早七点开始,一整天,晚上还有四个小时晚自习。二十二点四十分打下课铃,你准备回家去吧。在这段时间里都由老师"看管"。而城里的走读生还要多花时间赶路,寒来暑往,风雨不避。好在有前人教导我们,"三更灯火五更鸡,正是男儿立志时,黑发不知勤学早,白首方悔读书迟。"还有那些"闻鸡起舞"的人,"枕戈待旦"的人,都是我们的精神楷模。起个早念念书,这算什么难呢?其实我们老师也是"愿你在尘世获得幸福","愿你有一个灿烂的前程"。"春眠不觉晓"的日子可能是你事业有成的来日吧。我愿。

不过,我很奇怪,学校的早晨我们什么时候做过早操啊?好像是天一亮就匆匆上班,一上班就晨读,晨读之后就上课。甚至大冬天里有孩子是摸黑来教室的。那时候,冬夜的街灯还亮着,偶尔有几个慢悠悠扫垃圾的老头、老妇,有一路急匆匆挑菜进城的菜农,而烙烧饼的炉子都还没有完全烧热。我早起的时候总忍不住看一眼空旷的操场。那里是纯粹的空旷,一般都没有跑步做早操的学生。要有人也要晚一点,是一些腰围很粗的老头在不紧不慢地舞他的宝剑,一些腰围同样很粗的老太太在跳颤巍巍的红扇子舞。他们的慢和我们老师的急,和学生们慌忙的奔跑正好成为"反衬"。但这里的"反衬"并不是校园里的趣味。

偶尔也有几个跑步的孩子,但一般没有。有时也有一小队,这还真的就是我们的学生。他们总是跑得很笨拙,跟被人攥着的"肉鸡"似的,飞是飞不起,跑又跑不动,一点美感都没有。而一圈下来气喘吁吁的,比那些老太太还累。他们为什么奔跑?估计也是被惩罚的一种。迟到了,前一天的作业少做了,前一晚的考试成绩不好,都是"罚跑八百米","罚跑一千五百米"的理由。仿佛开他们一个人几个人的"趣味运动会",让他们使劲"走秀"。

不过,我反对这样做。我以为体育是一件美好的事情,就这样安排在"惩罚"的栏目之下,成为"被体育",破坏了运动的美感。这些孩子现在就会跑出"怨气",将来更会跑出"反感",也倒了我观看的胃口。一个同事告诉我,这是一举两得。说是既严明了纪律,也锻炼了身体。难道叫老师打他们不成?那是万万不能的。那就在书声琅琅里罚几个迟到者去陪那些老爷爷老奶奶吧——他们能够这么悠闲地锻炼,不急于挣钱糊口,想必少年时候也是早读过的,也是苦熬过的,甚至也是被"罚跑"过的。

每天六点七点,我也会读读课文,企图温习一下当年背诵的那些文学名篇。上午或者下午上课就可以不看课本,当着学生的面背背课文,让孩子们崇拜地看着,"秀"一点虚伪的荣耀。不过,他们是不是内心里猜测老师学生时代的早读。我不得而知。

2009年1月1日夜

献出美玉(笔记)

献出美玉的是卞和同学。但卞和同学不在我班上。我们都知道卞和同学他很出名的。凡出名的人都可以励志。出名是因为卞和同学天生慧眼,识得宝贝有才华;三番两次献出美玉有爱国心;被剁掉两只脚却始终坚持而不放弃。卞和同学终于青史留名了。不过现在和氏璧不知所终,卞和也已经尸骨无存,好在卞和同学因此而永垂不朽。在今天,我们都因他的超级成功和超级疼痛而欣喜,而自卑。所以我愿意让自己成为卞和的崇拜者,成为卞和的粉丝。

但卞和不是我们学校的同学,也不在我班上念书。这样称呼,是因为我正在跟自己的学生说话。基于习惯,无论是谁都只能是我们的"同学"。这样称呼,孩子们才能感受到亲切,老师说出的话他们才信以为真。

再过六周,我的学生就要离开教室去高考。但目前他们似乎集体地精神萎靡不振,被封锁在重度的悲观失望之中。这使我害怕。不是怕他们高考失利,影响本老师的声名和高考奖金。而是怕他们失去人生的阳光信念,绝望轻生。这样的事件有可能发生,且正在发生。所以,我忽然想到"和氏璧"的故事,看人家卞和多么执着啊。他为了献出美玉,一不怕苦,二不怕死,排除万难,去争取信任。即使失去了左脚再失去右脚。我问我的学生,你为了自己的目标,愿意像卞和同学一样吗?

我的说服工作基本成功,大家虽然依旧懒洋洋,但都愿意为高考而执着,而

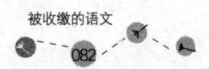

"献出美玉"。

当然,高考值得执着。不是为了印证对知识的拥有,印证能力的高强。高考既不是爱国,也不是以天下苍生为念。那都是一些虚空的理念。就为你自己吧,要不高考,在目前语境下,你将何为?我对孩子们说,除非你乐意继承你老爸的"农民工"事业。然在中国,"农民工"值得一做吗?现代化一点吧,那高考这座独木桥你就非过去不可。

我不无遗憾地说出,孩子们,我们已别无他路。"妆罢低声问夫婿,画眉深浅入时无"的典故用不到你们头上,你们既没有身为权贵的老师,也没有权贵亲戚。在我们这样的学校,校长也没有直接推荐你进北大、清华的资格。你只有考,硬考。那就学一学人家卞和同学——高考,请接受我献出的"美玉"吧。即使你先砍掉我的左脚,再砍掉我的右脚。

但问题是,卞和天生慧眼,机缘巧遇,他怀里确实抱着一块蕴含了美玉的璞啊。我们怀里有这样的石材吗?就当有吧,我们主要学其坚韧——高考是值得坚韧的,我们也只有坚韧。

对学生的训话到此为止,但我自己忽然心生悲凉,以下的言语不对学生说。

看人家卞和冤不冤呢?他遇到了怎样的国王,怎样的玉工?厉王、武王都不是什么好东西,动不动就砍人家脚,简直暴君。那伙玉工也是庸才狗才,自己不识得宝玉,还胡说人家怀抱的是石头。做"权威"就不能有点耐心吗?卞和的成功是疼痛的成功,血淋淋的成功。

现在问题是,高考中我们"献出"的又是什么?又会接受怎样的评判?会给自己带来怎样的命运?我不敢说。比如写作文,我正好是教语文的且喜欢胡乱涂鸦,有时给人投稿,也像卞和一样自以为怀抱美玉,但人家"权威"就是看不上。这无妨,看不上就不发表。我不会先失去我的左脚再失去我的右脚。但我的学生"献出美玉",写出高考作文,他遇见的是怎样的"玉工"呢?参加高考的学生都要

"被阅卷",会不会一律都被"权威"的"玉工"们阅成"石也"呢?很可能,且肯定。高考语文向来没什么高分,全国如此,年年如此。这也难怪我们集体无意识地越来越鄙薄中文而热衷外语以及其他实用科技了。语文不可能获得高分,也即,我们已经集体认定所有考生怀里怀的都是"石头"而不是美玉。

谁是高考阅卷的权威"玉工"?还不是教语文的老师自己。学一句前朝国骂,真他祖宗的"娘希匹"。很多人自己写不出作文也写不出文学批评,却有资格权威地判断高考学生的作文,给很低的考分,且六十分作文还没有打开试卷就四十二分起评了。"有错推定","你不可能完美",这也扣分,那也扣分。而我们的语文试卷上到底有几多错误呢?又为什么会出错呢?每念及此,我就心生悲凉,心生绝望。只是这些话我不会告诉学生,我怕他们绝望轻生。我轻生不要紧,我本来就不是个优秀的语文老师。

和氏璧的故事是这样的,"楚人和氏得玉璞楚山中,奉而献之厉王。厉王使玉人相之,玉人曰:'石也。'王以和为诳,而刖其左足。及厉王薨,武王即位。和又奉其璞而献之武王。武王使玉人相之,又曰:'石也。'王又以和为诳而刖其右足。武王薨,文王即位,和乃抱其璞而哭于楚山之下,三日三夜,泣尽而继之以血。王闻之,使人问其故,曰:'天下刖者多矣,子奚哭之悲也?'和曰:'吾非悲刖也,悲夫宝玉而题之以石,贞士而名之以诳,此吾所以悲也。'王乃使玉人理其璞而得宝焉,遂命曰:'和氏璧'。"(引自《韩非子》第四卷《和氏第十三》。上海古籍出版社,1989年9月第一版,第34页。)

该文最早的出处我故意不管,好让人扣分。再说到高考写作的笔误,标点符号和错别字甚至卷面书写,那都是要"被扣分"的。我不明白是什么人不写错别字?中国古人"通假"现象的形成我不说,现代语法的"约定俗成""将错就错"也不说。翻开历史,古今中外那些比比皆是的"错",包括著名政府和伟大政党的错,我也不说。我不反对高考,我反对我自己。现在的语文老师也都是从当年高考考场

"被扣分"扣出来的,是否现在做了老师,有阅卷的权利,正好对下一代实施隔代"报复"呢?

  我不得而知。作此文,以前半篇勉励自己的高三学生,以后半篇为卞和祭,并为我自己不幸是个语文老师作无耻的检讨。"复读三年"的卞和同学确实可以为当下的高考励志,但想起那块疼痛的血淋淋的"宝玉",我们有什么理由宽恕自己呢?我没有。

2010年4月19日,雨中

涂改关键词（叙事）

关键词是什么，并不重要，因为不同的文章有不同的关键词。重要的是要知道有一个关键词在。这是一种能力。我们给中学生上课，指导练习，考试，关键词是至关重要的。说白了，能够处处找准关键词的老师就是一个好老师，而同样地能够处处找准关键词的学生也就是优秀学生。

不仅如此，我发现，做科学家，做政治家，也需要同样的能力，因为我在几乎所有的学术杂志上都发现文章前面的内容提要必须提示"关键词"。而政府的公文也是如此，只不过有时候说成是"主题词"。

而我的同事总是牢骚，说我们的学生如何如何笨，上课答问总是不得要领，考试答题也抓不准"关键词"，因而考试成绩总是很低。我上课，批阅试卷，同感也是有的。

但有时候我就纳闷，在另一个地方，我的学生无论如何都不会找不准关键词。那是在我写的教务处"通知"、"告示"上面。我是教务主任，经常出通知，用小黑板写好，高高地挂在墙上。但隔一会儿，一定就会成为另一个通知。比如，放假的时间星期二的二少了一横，提前到了星期一；老师开会的时间下午第二节课后，成了下午第五节课后，这个时间并不存在；缴款的数额成了". 00"，他们就可以一毛不拔。

我在气愤孩子们恶作剧的同时，不得不佩服孩子们的聪明，他们总是很准确地找准了学校通知上的关键词。且涂改得十分巧妙，只要轻轻擦去一个字，或者只是一个字的一个笔画,通知的文本就成了一个无效的文本或者完全相反的文本。当然,气愤之余我还是要会心一笑的。虽然他们调皮误了我的事,给了我麻烦;但我不得不庆幸我的学生都不是木头脑袋,还是很有智慧的。现在,有了智慧就有了将来啊。除此之外,我们搞教育的,还奢求什么呢?

能够找准关键词是一种能力,学生考试抓不准关键词,可能是题目太难或者学生懒得去费心思。而对付我的通知就容易得多了。因为我的通知文本是尽可能使人一目了然的最简洁最通俗的文本。而高考题或者高考模拟试题正好恰恰相反,会故意设置许多阅读和理解的障碍。关键词找起来就难得多了。这是由出题方控制的智力游戏,而学校的通知被涂改,我们则无心于被学生恶作剧。我这些简单文本不是出给学生的修改题,只要求阅读,不要求修改,且有的通知并不需要学生阅读,是要让老师们知晓。

设想,我们日常言语及实用文本若都搞得像高考试题一样"费思量",大概十有八九要误事。故意弯来绕去地说话,除非言语者是疯子。这有违于交际的目的。

我能够不生气是有理由的,"涂改"毕竟显示了我学生的聪明,调皮也是聪明之一种。这比直接砸碎我的黑板要好得多。不过,有一次我们校长决定取消一个国家法定假日为学生加班上课,更积极地冲刺高考,为孩子们谋划美好未来。那通知是我写的,结果那块出通知的黑板就被学生从高高的墙上弄下来,踏上了一万只脚,叫它永世不得再使用了。事后,我拿着这黑板的"尸骸"感慨良多,老师真的是些"骆驼"老师,若非极力负重则不乐意前行。何苦来哉呀?"骆驼"太伟岸了,任何老师都没有骆驼的力量,是"蜘蛛"一样的老师啊。

因此,每当看见只是被涂改的通知,我就心存感激,且必然会发出会心的微笑,细究是不是"涂改"得巧妙。因为我看见的不是学生的破坏,不是学生的"恶作剧",不是学生的调皮,而是我的学生做事也这么积极,这么智慧。且他们居然知道我这个文本的关键词在哪里,是什么。幸甚矣哉。

  我就想,这些学生毕业了走上社会,无论是读科技论文还是读政府公文,那上面的关键词或者主题词也会一目了然的。他们直接,高效。孩子们有此素养,老师何须他求?吾愿足矣,吾愿足矣。

2009 年 2 月 14 日

鼓励作弊(笔记)

许多人说我是一个"另类"的老师,一些人是嘲讽,因为我光头无发,丑得"另类",看他们美的。一些人仍然是讽刺,因为我老大不小的,有快五十岁的"另类"吗?他们才是教学的正统,才是成功,我还不入门径呢。我虽然不是老顽童,有时候似乎聪明精力没地方用,如我姓名,吴忌,无所顾忌也。有些事情别人不做,但我做了。比如考试,我就鼓励学生作弊。当然,我有我的道理。我这样做,经验不得推广,我只在我班上关起门来做"特区"。

我鼓励我的学生作弊,是逼出来的。因为只要考试,学生不可能不舞弊。比如号称"国考"的高考,我们先是强制学生签署"诚信承诺书",不签则不让考试,然后是在考场上高密度放置屏蔽仪。结果如何?考试还是有舞弊者。只是平时考试,我的学生都舞弊得十分拙劣,让我很生气。我说,舞弊也是有技巧有智慧的,你们明目张胆就是对考试的抵抗,对我这个老师的侮辱。我才不一个个制止呢,作弊的人多,我直接取消这次考试,让他们集体0分。有的孩子舞弊十分拙劣,一出手就被我逮个正着。我更生气。怎么这么没用?我希望我的学生有用,即使舞弊也要神不知鬼不觉地。做老师久了,就知道念书的难。谁可以把所有的题目做出来?谁可以把答案表达到完美?不可能的。

不舞弊固然是一种诚信,然而企图高分未必不是一种积极的人生,会舞弊未必不是一种智慧,一种技能。我反过来想,中国的学生都百分之百诚信,好是好,我们都做周朝百姓,道不拾遗,夜不闭户,一诺千金,天下无贼,画地为牢。但将来国家如何是好呢?恐怕找个科技间谍都难。所以每考试,我就宣言,你们可以作弊,但不能让我看见。看见了的惩罚十分严厉。如果考场舞弊成功,我将不接受事后的举报。当然,雷同试卷要判0分,抄袭也要"深加工"。虽然我如此提倡,但我的学生考试好像也并没有什么人抄袭。或许是在我的技术指导下,孩子们抄亦有技,我不能发现。没有发现就算了,我窃喜。

说实话,我教的孩子都是中考成绩很低的孩子,有人愿意在考试的时候抄袭真的就是有上进心,他们是想有一个好成绩。有人愿意在匆忙的考试中看一眼别人如何解题,也是学习。我很感动。反之,如果一个学生面对试卷从头至尾不着一字,甚至趴在考桌上呼呼大睡,未必比抄袭更好。哀莫大于心死啊!我坚持认为,抄袭就是一种积极的人生,抄袭就是主动的学习,抄袭也可以训练智慧与能力。

我曾经有个学生就因为在高考中过分诚信而影响了考试,给我烙铁般的伤痕。我这个学生身材高大,那次高考考场在一所小学,当他坐直了的时候,对周围的考卷几乎可以一览无余。所以他为了诚信总是趴着答题。一次忽然直起了腰身正好看见别人的试卷,看见一道难题的答案,他自己刚好错了。错了改啊。不,那是抄袭。这孩子因此一直在矛盾中痛苦,受灵魂的煎熬。

后来我告诉他,知错必改!知错不改是混蛋。我不得不检讨我们的教育。想想,我们的国家,看见别人的先进技术,有不学习的吗?有些学习就是抄袭。难道我们看见满天的鸟雀在飞而发明了飞机,还对不起那些鸟了吗?看见老鳖趴在水下而发明潜艇就对不起老鳖了?笑话。只要是追求真理,什么方式都可以的,只要是为了寻找正确和完美,得别人启发亦不为过。我一个学生就说,老师,教室里密密麻麻的人,不看别人好难哦。我答复他,"君子坦荡荡,小人长戚戚"。看见别人比你正确,赶紧改正!

如此何以"另类"了呢？我这样教育自己的学生，也行吧？而当有人代表国家强制学生在考试之前签署"诚信承诺书"，有法律和道义上的依据吗？考生作为公民有权拒绝吗？而一旦拒绝了就必然可以得出你将"做贼"的逻辑推理吗？在中国，我不能这样质疑自己的国家政府，也不能这样质疑部门领导的决定。而诚信的道德并不是纸上的简单契约。逼人写保证，能保证什么？是为掩耳盗铃或者自欺欺人，算不得数的。有无穷无尽的事实可以为证。

2009年2月19日

铁皮门（笔记）

在学校,我很奇怪现在的教室门居然都是"铁皮门"。偶尔敲门,哐哐,哐哐,那门就用空旷的金属之声回答你;若推,还手冷。因为现在正是十二月寒冬。是没有传统的木头吗?是中国的"钢铁时代"已经悄然来临了吗?学校只是个读书的地方,关于铁皮门,我断不敢贸然追究那更多隐秘的坚硬。

当然,门实质还是木头的门,并不是纯粹的铁。只不过在木头的门外包裹了一层铁皮。铁皮不是铁,这是两个完全不同的概念。这倒像过去我们乡下的老式棉袄,或者现在新式的羽绒服,里子是里子,外套是外套。铁皮就是木门的外套。铁皮肯定要比木头牢靠了。虽然教室的铁皮门照样伤痕累累,坦诚着岁月的沧桑。但总算坚固而柔韧,谁都不能轻而易举完全彻底地砸破这铁皮。

学校里改装铁皮门已经有些年头了,不止我们一家。我的印象,早年的教室门还是纯粹的木头门。但后来,木头的门忽然不结实了,老坏,故而铁皮门应时而生。有甚者,门框也包裹了黑乎乎的角铁。仔细研究一番,所不同的则是老教室的门是在木头的门坏了之后才被包裹了崭新的铁皮,油漆成浅蓝或者深绿,就像我们的旧棉袄套上了新外套很是好看。而现在的新教室,在验收交付使用的时候门就直接是铁皮门了。这就不是为了翻新,而是为了结实耐用,直接铁皮了。也好,钢铁时代了。我们应该有钢铁的学校,应该有钢铁的教育。再出些钢铁的学生,也好。看看墙上的标语,教育要面向现代化!

上课的时候,校园里肃静。书声琅琅只有早读,欢呼雀跃也只有下午放学之后的课外活动一刹那。上课,隐隐约约有老师的声嘶力竭。但当下课铃响,嗡嗡的人声就从这些铁皮门里潮水一般涌出。但一屋子人蜂拥而出也不至于挤破木的门、木的框吧。不过铁皮门肯定比木板门牢靠。那一间教室的门,它需要负担多少重量,承担多少撞击呢?奇怪了,这里又不是银行的金库,恐有贪财的劫匪强行进入;也不是监狱或看守所,有违法者不乐意长期呆着需要防范其破门而出。不过,学校里的门老坏,难免使人纳闷。

我知道学校里的门肯定不是校长老师故意弄坏的,那合理的解释就必是学生了。时间里的木头或者铁也可能腐朽锈蚀,但那要一些年头的。我同样纳闷的还有,老师一节连着一节上课,也没看见有学生故意砸门撬窗,也不至于故意撞门练"铁头功"。何以天长日久中学里的教室那门就都是无一例外的破门呢?甚至这铁皮的门总有一天也是破的门。

我见得多的当然是中学。而小学大学里那些本真的木门好像并不很破。故此,我得出的结论就只能是中学里有孩子们读书,可能是书声的缘故使这些教室的木门铁门轻易破损了。可能的原因是小学生太小,手无缚鸡之力,那些小屁孩即使面对木门也不能随便破损了它的。而大学生虽则就来自破损之门的高中,可能一夜之间他们就有了足够的修养,安静了。也可能大学里有更多更有趣的事情要做,比如拼在体育场上,比如泡在恋爱之中,比如沉迷在考研的忙碌里,甚至有人已经开始自主创业了,开着公司,赚着一把一把的票子。他们就懒得破这些门了。无论木的门,无论铁的门。

想想也是,大学生做得的这些事情中学生做得么?我知道,中学生不能卿卿我我谈恋爱,他们还太小,那是早恋;体育啊,呵呵,现在的高中生能有多少体育?相对于密密麻麻的高考训练,那不是浪费生命吗?那这些青春期的孩子一身的力气如何发泄呢?教室的门就是一个很好的对象了,无事的时候,正好没有老师看见的时候,你来一拳,我踢一脚。嘿嘿,舒服!要是刚刚挨了老师的骂,要是刚刚月考成绩很糟。嘿嘿,舒服。下课的间歇,教学楼总是嗨嗨之声不断,估计,那铁皮门又在遭殃。

孩子们为什么都拿门出气呢?我不讨论。他们若不拿门出气,难道还可以拿同学校友的身子骨出气?老师校长也是打不得的。体育场,要有,一般也都空着甚至锁着,等上级检查考察的时候才用一天两天的,何况有的中学根本就没有体育场。我们还处在社会主义初级阶段不是。这要理解。啊,这该死的门!踢它!踢……

可我依然奇怪的是,最后的铁皮门仍然是一些破门。一身油漆斑驳,满脸凹凸不平,门轴松了,掉了,东倒西歪。那可是要一些时日,也要一些功夫,才可以弄成这样的。有时候,铁皮的门上忽然有一个洞,还有一个洞。即使坚固如铁也并不比木头的命运好多少,最突出的铁皮甚至满身都是"洞洞"。我就喜欢凑近了研究半天,记忆里好像只有著名的海灯法师有"一指禅"神功可以有如此的穿透力;要不就只有金庸金大侠笔下那些虚构的英雄可以随意而为。孩子们不一定喜欢我的语文,但肯定喜欢金大侠的小说。

忽然,我就检讨起来。如何让我的中学生们不去伤害那些木门或者铁皮的门呢?现在,我们的孩子不再是东亚病夫的身子骨了,壮实了。他们专注于学习之余,有这一身的力气,怎么办呢?这些可怜的教室的铁皮门。我想,若是教室,甚至学校,根本就没有门呢?学校或者教室要门做什么?教育,要围墙做什么?

有两句话,一句是"开门办学";另一句是校长们挂在嘴边的"推门听课"。"开"的是铁门,"推"的也是铁门?这倒也令人遐想,深思。

2008年12月27日

网虫落网记（叙事）

"网虫"不是虫子，是人。现在满街都是网吧，像个虫窝，白天黑夜都有网虫飞进飞出，有些网虫蛰伏在那里整日整夜，或者连日连夜。

一个人能够像虫子那样，这网肯定是好的，有魔力的。然而很多人怕这个网，比如家长，比如老师。一个孩子一旦成了网虫，沉迷网吧不去念书上课，不回家吃饭睡觉，几日不见忽然从网吧里走出来，摇摇晃晃的就是一只病虫。耽误了学业无须乎说了，文盲也照样活着。但病了，身子就不是一般的糟。更有甚者，一只孤独的男网虫被远方的女网虫迷住了，就像过去书生半夜遇见了古坟地里的狐狸精。单纯的女网虫要被不知何处的男网虫迷住了，可能被如此这般地"暴力"一番了。这些都不是什么好事。设身处地，"网虫"也不是那么好当的啊。

我这里说的"网虫"落网，并不是那些坏网虫。现在网虫太多，坏网虫不少。但那不由我管，我也管不了。我要管的网虫是我自己的学生。因为我是他们伦理上的老师。

甄别一只网虫很简单，不需要去网吧里找。网吧里也不都是网虫，网吧也是合法的正经地方，人家开网吧也是在正儿八经地服务社会，糊口谋生。我们做老师的也不敢轻易进去捉网虫，去了轻则不受欢迎，重则会被几个"五大三粗"的人给赶出来。我只要在课堂上就能够甄别谁是网虫。其实做网虫也并不容易，熬更守夜的，然后整日上课，必然会趴着。有时候我们把第一堂课就趴着呼呼大睡的学生喊起来。起来可以，立马又睡过去。你打你骂都不会有反应。这才是"超级网虫"的修养。打他都不会感觉到痛。太有境界了啊。

网虫还有更可爱的呢。早晨，我们赶着上班，一些孩子来校特别早，一路向我们问好——

"老师早。"

"老师您好。"

别看这客气的，说不定就是才从网吧出来的网虫。我就这么疑惑着，说不定一会儿早读他们就在琅琅书声里安睡得像个纯洁的婴儿。很多孩子虽做了网虫，但同时也修炼出了高尚的道德，从来不缺课，也不给老师找麻烦，他们像默默无闻的英雄日复一日地做好事，你是看不见的。人过不留名，雁过不留声。他们半夜里越墙而去，清早按时到校，你捉不到"现场"。

当然，我也捉到过网虫，那是早年间的"得意故事"。我现在不捉他们，我怕网吧的老板打我。我们这里有家长去网吧"捉人"，捉自己的儿女，挨过老板的打。真是"网吧有风险，找人须谨慎"。

那回，我们知道一些人是网虫，就谋划捉一批"以儆效尤"。但捉不到，他们昼伏夜出。熄灯铃响之后我们查房，他们一个个都在被窝里。有的还很懂事地对我们说话，"老师太辛苦了，也早点歇着吧。"看看这些孩子多明事理。有的就着寝室的灯光还在做习题呢。多么专注，多么勤奋啊。可是，他们上网是肯定的。我们缺的只是现场证据。有次，我跟一个同事守在宿舍围墙外边等，发狠要等一夜，看他们从哪里出去，毕竟围墙有三米高。大约一点半，果然墙上有响动。有人在墙上嗨骂我的同事，那青春的语气骄傲着呢。但没有骂我，因为我是教务主任，跟孩子们是间接关系；而他，则是班主任，有直接的冲突。我在黑夜里微笑，班主任管的事儿太细，也是有代价的。嘿嘿。紧接着，就有三个人从高墙上惊心动魄地窜下来，我真担心他们摔着了。好在他们熟道，且身轻如燕。不过落地就给我们逮了个正着。这并不好玩。孩子们在老师面前,都是乖猫一只,立马被勒令回去睡觉了。"秋后算账",那是明天的事情了。

我有个朋友,有段日子总疑心自己脑子坏了,因为明明晚上关好了院子门,但早上起来,院子门总是开着的。家里也没有人出去,妻子起来就在做早餐,儿子正在卫生间刷牙。他一直不敢跟人说,只是默默念念叨叨。也疑心房子风水不好,"出鬼。"正不得解时,有人提醒他要保护好自己的儿子。说是你堂客也是个半老徐娘总不会半夜里背着你干什么好事儿吧?果真,某夜他就逮住了从二楼窗台下一楼的儿子了。偷偷摸摸的干什么,网虫一只,半夜里溜去上网。

网络真的很迷人。想想,那上面什么没有?在网络世界又有什么事儿不可能?魔力无限啊。当然也有好孩子不是网虫的,所以我不担心"网虫"会像科幻电影里的外星人,会残酷地占领地球统治我们人类,把我们都变成"电游"的奴隶。

前年7月,我一个女徒弟来学校拿大学录取通知书,顺便看我。我问她什么专业?她告诉我,是计算机技术应用。我说,平时会上网吗?这一问居然很糟糕。我女徒弟立即就脸红起来,像我平时询问女生是否在恋爱一样,很不好意思。她说,"吴老师您误会我了,我从来不上网的。"倒是我的学生误会我了。从来没有上过网,好学生啊。但进大学选学的专业是计算机专业,平时摸都没有摸过计算机,那如何是好啊?我很急,但没有说破。只是善意提醒,暑假若无事,赶紧上网转转,现在都已经网络办公了,网络贸易了……在有的领域非通过计算机"网络"不可的。现实,反过来似乎是虚拟的世界了。

我们很多人以为上网是件坏事儿,也担心孩子屡屡上网有危险,尤其担心自家的孩子。危险是有的。但不都是危险,也不是所有人都处身于危险之中。但街上一间店铺要挂上了"网吧"名头,在家长看来,跟中国传统的妓院"藏春楼"、"怡红院"似的。是谁把网络弄成了坏事儿呢?是那些执迷的网虫吗?我还没有弄明白。只是我半夜上街逮完了网虫学生,自己回家也要上网转转的,管理管理自己的博客,向那些喜欢我的文学编辑发发"伊妹儿"电子邮件,说说学校里的奇闻异事。

我不是老"网虫"。不过我通过网络投稿,传递文章,讨论教学心得,这可是一件正经事情。"网虫"只是那些痴迷者"变异"略略过头了些,也无需恐慌。

2009 年 2 月 26 日

烛泪书签（叙事）

雷雨之夜……

雷雨之夜，书桌上的台灯在巨大的雷声中突然熄灭，窗外的闪电把我书房里的黑夜切成一块块的，我感到心灵锁进了牢笼。本来这几天心里就不愉快，我更不能承受这忽明忽暗的无所事事的夜晚。点起半截蜡烛，在摇摇晃晃的烛光里写备课笔记。一阵风吹来，窗外的闪电蛇一样游动。慌乱中我碰倒了蜡烛，灭了。黑暗袭上心头。

重新点起那半截红蜡烛的时候，课本上留着一串串蜡烛的斑痕，仿佛一串串血泪。蜡烛是倒在课本上的，烛泪鲜红得让人心痛，覆盖着漆黑的文字。在这个惊心动魄的雷雨之夜，我本该获得一些意外的思想，但摆在我面前的只不过是一张意外的"书签"，烛泪的书签。

这样的雷雨之夜，谁敢做过深的思考？我继续备课的时候，也只是想我该怎么向学生讲述那一个个古老的爱情故事。我讲完了《林黛玉进贾府》，讲完了《杜十娘怒沉百宝箱》，讲完了《西厢记》里的《长亭送别》，接下来该讲的是《牡丹亭》里的《闺塾》。这些古老的爱情故事就像人类漫长旅途上尘封的伤痛，今天打开它，犹如打开了封存在地窖里的一只又一只饱满的洋葱，我的眼泪一层层地落下来。封建的礼教压抑了人性，我们都渴望爱情而又虚伪地掩盖着。多少人伦的感伤啊!

我看着课本上一串蜡烛的斑痕,这是哪朝哪代的爱情血泪?这是哪个少男少女的爱情血泪?这串血泪也仿佛我今夜心情的写照。经常地,我在赏析这些爱情故事的时候,班主任却在找学生谈心,话题就是"早恋"!而我的另一些同事又在调侃,"什么语文课?说什么爱情?难不难?从小姐偷情讲到妓女养汉!"这说的是新版的高二《语文》课本。

我想,我教的是戏剧文学,探究的是人性之美和语言的魅力。在悲剧的感伤里,深深蕴涵了对旧时代的批判。教学这些爱情故事,会使学生激动不已。可能也会撩拨少男少女的春心,正如《闺塾》里的陈最良老师,他对女学生说,"关关雎鸠,在河之洲;窈窕淑女,君子好逑。"于是就有了被封建庭院幽闭的少女杜丽娘的伤春寻春,就有了神话般执着于爱情的杜丽娘惊心动魄的死而复生。

我一直担心,爱情固然浪漫而美好,但爱情何尝不是痛苦而撩人的呢?这是否会让我的学生误入歧途?

蜡烛本来已在雷雨中熄灭,我将它重新点起,一支蜡烛倒在课本上,成为一种象征。红红的烛泪洒在杜丽娘忧伤的唱词上,仿佛一串串血泪。那是五百年前,一个怀春女子的心跳,鲜红得同样让人心痛。一阵惊雷在窗外漆黑的夜空炸响。我停下来,注目这些红红的烛泪书签,那犹如被巨大的雷声扭曲的少年的脸孔。

雨后的黎明……

雨后的黎明,我在清洁的空气里走进教室,我打开滴满红红烛泪的教科书,杜丽娘活了起来,爱情活了起来。我在教我的学生"关关雎鸠,在河之洲;窈窕淑女,君子好逑"。教室里窃窃地笑了起来。我以为孩子们理会了这个爱情故事,我很开心。我注视课本上的红烛泪,窗外就是初夏盛大而蓬勃的绿色,自由的鸟儿在蔚蓝的天空盘旋,雨后的清风闪着阳光的明亮,澄明而耀眼。我能感觉一股青春

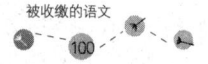

的鲜血涌到我的头顶上,热遍周身。

是啊,五百年前的汤显祖调侃了一个"关关雎鸠"的老师,这个"关关雎鸠"的老师却在无意之间,启蒙了聪慧贤淑的少女杜丽娘的爱情。我呢?现在的学生是不需要这些启蒙的,早恋大有人在,爱情的纸条子在教室里大鸣大放,甚至更秘密更出格的事也有!

我觉得我们需要的不再是对爱情启蒙,而是对爱情进行健康审美的启蒙。现在的高中课本涉及爱情、婚姻、家庭的课文不少,还有大量的此类阅读教材被推荐。关于男女情事,而今的确现代化了。要担忧的恐怕是大胆的爱情会吓着你。

孔子在教学《诗经》的时候,面对"窈窕淑女,君子好逑"这样的情诗,只说"诗三百,一言以蔽之,曰:思无邪"。这不是老夫子对爱情的掩盖和歪曲,而是对爱情的审美教育,是对人格的提升。这既是诗歌的真谛,恐怕也是爱情的真谛。

但是,我在教《罗密欧与朱丽叶》的时候,一个学生对我说,"你怎么还讲得这么津津有味,太小儿科了。"啊?谁能怀疑莎士比亚的文学?而现代学生到底需要些什么呢?

我在今天拆解"春香闹学"的故事,肯定也小儿科了。果然有几个学生趴在桌上,有几个学生把头埋在抽屉里。我在巡视教室的时候,叫醒三个打瞌睡的,从"埋头苦干"者的抽屉里摸出两本小说。一本武打,一本武打而色情,都印刷粗糙,肮脏而破旧。这是从租书摊子上租来的书,我知道租一本五毛钱一天。我没有说什么,收缴了这两本书。我用这两本武打而色情的肮脏的旧书,在两个孩子的头上轻轻敲了几下,让他们集中精力听课。"杜丽娘为了爱情死去活来,你们怎么漠不关心?古老的爱情哀而不伤,散发着永久的魅力,雅俗共赏。你们怎么爱上了这等粗俗的武打加色情?"

我的学生眨着一双疲惫的眼,面红耳赤,再次把头埋在抽屉里。从孩子们疲惫的脸上可以猜出,他们不仅仅在语文课堂读武打而色情的小说,肯定昨夜又是通宵。

我一贯认为,人对低级趣味的拒绝需要时间和毅力,偶尔堕落一下也是人性,是能够理解的。但写作荒唐的武打,写作低级的色情,这就是些人渣了。摆书摊的,出租这些荒唐的武打低级的色情也是人渣!我始终不明白,为什么总有一些人需要用毁灭别人的圣洁和灵魂来换饭吃!如此换得的金钱,买菜买米也将洗不尽臭味!我深深感到生活中向下的诱惑,教书育人谈何容易!

回到办公室,打开孩子们为之废寝忘食的"武打"和"色情",无独有偶,这些书页上也如我的教本,一页一页滴满红红白白的烛泪。啊!我的学生也如我深夜备课,在停电的夜晚只得点起或红或白的蜡烛挑灯夜战!我的瞳孔立即放大,我的心跳骤然停止,何其触目惊心!

我有些泄气,情趣的语文死了!高尚的爱情死了!向上的教育死了!我关切的灵魂也死了!我的泪又一次滴到打开的书本上,湿透一层一层的粉笔灰。我曾经牢骚满腹地写过一篇随笔《多余的老师》,今天我真的成了多余的老师了!

寂静的正午……

后来,一个寂静的正午,昏昏欲睡的空气将我包围,我很想睡一会儿。做人太累,"小睡也别有风味的",我想保持充沛的精力教书育人。但窗外是无休无止的蝉鸣,听得久了,人就要爆炸。我在一种失眠的状态下睡眠。我想,当真语文死了?爱情死了?教育死了?我的灵魂也死了?至少我还在失眠,说明我的灵魂还没有死!

孩子们为什么要无休无止地偷看这些荒唐的武打低级的色情?作为一个教师是否要反省自己的教学?作为老师我们用什么诱导这些孩子?作为学校又应该用什么诱导这些孩子呢?老师手上拿的除了教本就只有教本,学生手上拿的除了课本另外就只有作业本、练习册、考试卷。可是,如果孩子们要调剂一下生活,

放松一下灵魂,他们何为?

　　一个同事教训沉迷足球的学生,说这耽误学习,要打断他的腿,坐牢都不悔!拳拳之心以及恨铁不成钢的无可奈何同样可昭日月!但学生们呢?学校的图书馆常年关门,也可以说,学校根本就没有图书馆!我能够见证的除了教育的贫穷,还有书籍和知识的贫乏,还有灵魂和向上情操的缺失。仅仅手拿一本教科书就企图教书育人,这不可能!

　　我将"关关雎鸠,在河之洲;窈窕淑女,君子好逑"的诗句教给学生;我将宝玉和黛玉的故事说给他们;我将莺莺和张生的故事说给他们;甚至,我将杜十娘和李甲,一个妓女和浪荡子的故事说给他们……而裴多菲的"我愿意是急流……只要我的爱人是一条小鱼……"这些深情而执著的诗篇,不能启发这些少年的向善和唯美吗?但我屡次从学生的课桌底下摸出荒唐的武打和低级的色情,也一次一次地发现那些残损的出租小说,一页一页都滴满红红白白的烛泪,仿佛苦读者的书签。

　　这个正午,吵闹的蝉声似乎从未间歇,我在一种失眠的状态下睡眠。朦胧的眼前晃着密密麻麻的烛泪书签,让我心烦意乱。间歇的还有"咚咚,咚——"的敲门声,我在楼上很清楚地看见是我的两个学生使劲擂我的院门,而后压抑着嗓子唤我。他们是来拿回那些残损的出租小说。是我预约他们来拿的吧。从另一个侧面我希望他们尽快归还这些肮脏的出租小说,毕竟一天要五毛钱的租金,逾期还要罚款。我于心不忍。

　　当我正要下楼去开门的时候,我妻子的一句问话差点将我击倒在楼梯上。她说,"那两个孩子是谁?"我说是我的学生。她说,"怎么没有见过?"我说这两个孩子念书很随便,不会主动找老师的。他们是来取走在课堂上被我收缴的闲书。她说,"就是桌上那两本破小说?哼!你的学生看的都是些什么书啊!怎么你教到高二了,这些孩子从来都不上门找你,一找就是拿那种黄色书刊?"

我瘫坐在楼梯上,被一种无情的真实击中。一个中午我没有动弹,两本破书落在我的脚边。这的确是两本黄色书刊,露骨的性描写随处可见。我想,我的学生未必是真的听我的话,要尽早归还这些荒唐的武打和低级的色情书刊。或许,他们急着要将这些荒唐的武打和低级的色情看下去,看完!我不能动弹,任凭急切的敲门声,一阵紧似一阵地与正午的蝉声一起响彻!

我决定再次点起我的蜡烛,将上午收缴的那两本肮脏的出租小说就地焚烧!

2002 年 8 月 14 日

该死的孔融该烂的梨(笔记)

我知道,孔融已经死去 1804 年了,而那只著名的"孔融的梨子"也应该烂掉 1848 年了。可是现在,一茬茬七岁的小学一年级同学都在学习《孔融让梨》,我因此设想也只能是同样七岁的孔融在让梨(《三字经》说是四岁)。只能是七岁,否则他们不会有共同的语言,共同的思想。

但最近,我们忽然被孔融和他的梨子弄得很头痛。

因为最近有一张小学一年级的语文试卷提问,"如果你是孔融,你会怎么做?"这应该是一道好题。本人作为高中语文老师知道,这是一道"开放题"。开放题的规则是没有唯一答案的,只要言之有理自圆其说都算正确,它考查的是学生的思维力和表达力。但从网络提供的试卷照片看,有老师在学生回答"我不会让梨"的答案上打了个大大的叉,意思是"完全错误"。开放题完全错误也是有之的。但此处的"我不让梨"是不是完全错误,却有待商榷。而从网络舆情看来,大家为此义愤填膺,对那位打叉的语文老师一片讨伐。我只能倍感悲哀,为这个"我不会让梨"的小朋友,为我的这位语文同行,也为中国的教育。

我没有加入当下的"让梨论战",却私下里窃笑,这不"大战僵尸"么?僵尸就是死了 1804 年的孔融,僵尸的武器就是那只烂掉了 1848 年的梨子。但无论是全中国所有一年级的小学生,无论是全中国所有一年级的语文教师,还是眼下参与"让梨论战"的微博主们,我们都是战败者。因此,我作为这场大战僵尸战争的观众,私下里窃笑。我不义愤填膺,我愿意窃笑,因为"笑"总是快乐的。说不定我快乐的窃笑才是大战僵尸的终极武器。在我的笑声里,所有的僵尸以及僵尸手上的武器会瞬间化为灰烬。

我现在是高中语文老师,偶尔也研究研究小学语文教育,因为我讲台之下的学生都是从小学一年级过来的。而早在公元 1984 年入道之时,我是一所中等师范学校的语文教师,那时候我必须直接研究小学语文,研究小学语文教学。记得那时候我就写过有关孔融让梨的随笔,我的结论不是考据孔融让梨故事的真伪,而是研究那只梨子。我的结论,那只梨子无论如何最终都会烂掉的。理由就在那个表达一般行为的该死的动词"让"以及作为传统伦理的美好名词"让"。我发现孔融的"让"不可能有任何接受者,因为与"让"相对称的还有其他的美好道德,孔融的那几个哥哥用什么伦理支持自己接受弟弟的"让",并且可以不爱护弟弟而吃掉这个大梨子呢?因此,作为时兴水果的梨子,由于它"不幸的"大,就只能烂掉。

但在中国,孔融虽然早死了,但孔融的梨子却成为"永恒"。

虽然后来我没有找到那篇调侃的随笔,但这个孔融的梨子一直是我说课的例证。我坚持告诫我的中师学生如果不幸成为小学语文教师,"千万不要再让孔融的梨子烂掉",务必要让人吃掉它。至于谁吃,谁有理由吃,这也是一道开放题。只要答题者能够自圆其说,就可以理直气壮地吃这只梨子。

我一直在拷问我们的语文教育。语文是什么?语文应该教些什么?

就《孔融让梨》而言,那只梨子只是一件道具,我们不需要管它的。无论是 1848 年前的梨子,还是今天的梨子,我们都不需要研究它。而且这只是一个故事。语文教师怎么对一个七岁的儿童教学一个故事无需我赘言。需要指出的则是,语文虽然文以载道,但谁都不可以直接向一个七岁的儿童布道。因此,故事的故事性,甚至"让"的趣味性,就十分重要了。语文教学的首要任务应该是语言学习,应该是思维力的培养。我们应该关心小朋友听得懂或者看得懂这个故事吗?能从

语文学习中获得学习的快乐吗？布道，只能是语言教育的悲哀。

而眼下的论战其实很简单。这位打叉的语文教师的荒谬在于，他或者她的叉，恰恰叉在了自己的机械和僵化上。他或者她对"我不会让梨"的完全否定，不自觉使自己成为一具"僵尸"。孔融让了梨只是故事的原始结局，孔融应该让梨也只是1848年前的伦理道德。而一切都应该与时俱进，包括我们对于传统道德的继承。小孔融因为有几个哥哥，故此要谦让那只大梨子，但眼下回答说"我不会让梨"的那位一年级同学他有哥哥吗？"故事的语境"是判断者必须考虑的前提。大概当下的中国，哥哥无论如何都是一种"奢侈的称谓"。那么，我为什么一定要让梨？我让给谁？难道没有哥哥可以让，甚至是没有哥哥可以让的环境或者习惯，我还是必须让吗？让给老师？

对一年级小学生如此直接"布道"确是语文教育的悲哀。

不仅如此。这位打叉的教师违背了语文提问的基本规则，开放题不可能有唯一答案。作为教师也没有资格为一道开放题预设唯一的正确答案。"唯一判断"或者"简单判断"的结果只能是扼杀学生的个性自由，抑制学生的思想力。长此以往，则误国误民，这将有罪于人的成长，有罪于国家人才战略。更深层次，则是我们必须思考，语文教什么？到底应该怎么教？我想，首先应该是对这种机械，僵化和扼杀的否定。《孔融让梨》的教学至少要考虑两个语境，历史的语境，现实的语境。包括小学语文课本里很多名人童年的故事，都应该如此。

我是很喜欢孔融的。今天我不应该把孔融让梨的老故事说成是"大战僵尸"。这对孔融不尊重。但这是无可奈何的现实，因为我感觉到了无比沉重的压力，不如此不能减压。而我内心深处的悲哀则是，当下，不只是当下，孔融在中国人的心目中始终是一个双手推让那只大梨子的七岁孩子。而作为"建安七子"之一，却很少或者几乎没有小学生、中学生，甚至一般民众知道孔融的建安风骨，知道他的诗文，知道他命运的终结故事。事实上我们已经没有勇气像孔融一样获得死亡的资格了。

孔融那只梨子,对于中国,对于中国的传统伦理,早就是一只"多余的梨子"了。它烂掉更好。只是我不明白为什么它还赫然存在于当下的小学语文课本?这应该是无人可以解答的悬案。

关于孔融,补注如下——

孔融(153-208),汉末文学家。字文举,鲁国鲁县(今山东曲阜)人。曾任北海相,时称孔北海。又任少府、大中大夫等职。为人恃才负气。言论往往与传统观念相背。所作散文,锋利简洁,多讥嘲之辞。又能诗。为"建安七子"之一。因触怒曹操被杀。原有集,已散佚,明人辑有《孔北海集》。(摘自《辞海》,上海辞书出版社1999年9月第一版,第3177页。)

关于那张试卷,补图如下。图片复制自网络,我姑且信以为真,权作说事的依据——

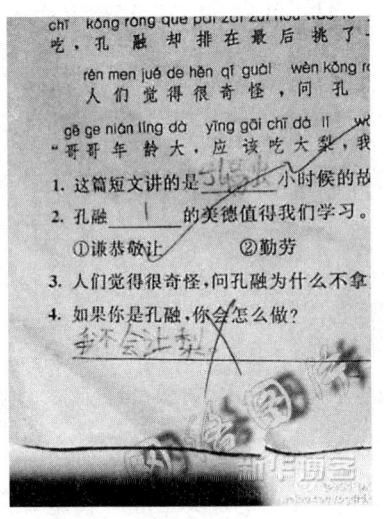

2012年5月3日

不敢去吃饭（叙事）

一个本家老约我，说要请我以及我的同事吃个饭，要我张罗，我一直没有落实。看来我懒，也经不起人重托。

天下没有无缘无故的饭局，原因是我这个本家的孩子在我这里念书。我自然就是半个监护人。按理说，我的人情也值这个饭，这孩子得以在我这里念书，我是办事的人。因为孩子分数很低，不在正常录取范围之内，要入学就得走"计划外"的"计划外"，这孩子就是我"外"来的。本家老说要感谢我，但我没有接这个招。"吃饭就不必了"，我说。身为教务主任，应该在同事心目中有那么一点威信，要照顾这个孩子很方便。比如随他自己挑个位子坐，大家多看着点儿，真要犯事了我们只"温和地教育"，就不"粗暴"了。好处是有的，不是我们老师舞弊，而是教育多一份温情，对孩子成长绝对是有好处的。当然，如果我能够张罗成这么一顿饭，我的同事也荣光，不是同事们"好吃"，"虚荣"，当下中国的社会风气如此，被人请饭，感觉总是好。人活着图个什么？感觉好就行。

这个本家我起先并不认识，是朋友的朋友，他们好。孩子要读书，自然就想到我，我跟朋友的朋友也就是朋友，这事情就非办好不可。事情肯定能够办好，不是我这个教务主任有多大个权力，权力是一点都不会有的，我只是方便。正好学校"计划外"有缺额，要另外"计划外"招人，分低的孩子也正好"计划外"要地方念书。正如乡下古训，一个要补锅，一个要锅补。市场形成了，买卖也就好做了。我正好就是具体负责这个事情的人,所以方便。且我这里也不是那种被人挤破头的名校,招个分低的也没什么大不了。一切都在政策许可的范围以内。

反正也不是秘密,我就直说了吧。现在高中招生,就是"招一些","卖一些"。说得冠冕堂皇一点,专业的术语是"指令性计划"和"指导性计划"并行。举个例子。如果某学校有1000个座位,我们就招500个人,收正常的学费,标准很低。余下500个位子空着,干什么? 卖。但那是要额外掏钱的,根据学校资质不同,有贵有贱,价格自然不同,但都不菲。当然无论什么学校都是可以获得一大笔钱的。

为什么如此? 不是学校要卖这些"空位子",学校做这事也麻烦,经常被人骂。有时候老师的社会形象跟打家劫舍的土匪一样,以为"道德丧失",面目可憎。这可是政府要这样做的。教育自然都是政府的教育,但目前好像政府都穷,好像出不起全额办教育的钱。但政府有权出"政策",就"指导"学校卖这些空位子。这样一来学校就有钱盖教学楼、实验楼了,就有钱添置教学设备建风雨操场等等的了。我本家的孩子就是这样来这里读书的。正因为如此,我凭什么去吃这个人情饭? 我心里不熨帖,羞愧。

我坦白,我也是吃过诸如此类人情饭的。但这次我不乐意,是有故事的。我本家是当年缴费最多的一个。至于多少我不说,这是我们的秘密,说出来怕物价局、审计局查我们的收费。反正是最多。也就是说,我本家侄子是当年录取的中考考分最低的人。这也没什么。但暑假我们办这事的时候,一些跟我一起办公的同事老拿我以及我本家侄子开涮,因为他名字中有个"贵"字,交钱又最多,甚至他们就故意把那孩子叫"吴太贵",顺势把我叫做"吴老太贵"。我心里就疙疙瘩瘩的。我本来就是"计划外招生"的反对者。人民政府为什么不直接投资人民教育? 为什么要我们学校承担"搜刮老百姓"的负面名声? 等等的事情当然都是不合情理的。所以,我一直不愿意去吃这顿饭。哪里没有饭吃,所谓的"三年自然灾害"虽发生在我刚刚出世之前,但我早年也没有饿死。难不成现在还饿死了? 古人尚且不吃"嗟来之食"。我为什么被人一喊就跑去吃什么"人情饭"?

好在我本家侄子为人诚实,学习也努力,入学成绩虽是全年级最低的,但现在他进步了,已经很不错了。当他班主任的同事也从来没有找我告过他的"恶状"。我每次跟我本家见面,都拍拍胸脯说,"有我呢,吃什么饭?"只是告诫,务必多跟班主任联系,多了解孩子的情况,多沟通。这种情况务必不能让孩子自卑。择校生总是自卑的。因为他们念个书,花了父母大笔的"择校费"。往往一分之差,同学跟同学不一样,念书跟念书也不一样。

择校,或者交钱读书,这是眼下中国约定俗成的事情。被大家许可了,往往趋之若鹜。若怨,则往往只怨心想择校而不成。但如此语境下,于我则是可以有所不为的。比如,我坚决不去吃这些人情饭。

2009 年 3 月 1 日

二中的"二"（演讲）

二中的"二"，只有一种解释，在二中之前有一个一中，二中的"二"是一个序数词。

但在孩子们的心中，二中的"二"是一个阴天。它的潜台词是，你算老几呀？中国人习惯要争个第一，一旦做到了老二，人前人后都低下头去，要么一脸愧色，要么气嘟嘟的嘴上可以拴一头毛驴。

我作为语文老师愿意解释这个二中的"二"，我作为教务主任愿意为二中的"二"找一个幸福的理由。

要说你算老几呀？我站起来回答，我算老二。我笑眯眯的会一脸坦然，二中建校在一中之后，规模也不是第一，质量也不是第一。我这个老师先承认下来，我不如人。孩子们，你们跟我一起承认，我们都不如人。如何？

我们师徒就如二中的"二"，老二。我看我们还都要小声一点，真能够算上老二？中国人在人面前谦虚的样子还是有的，"没有第一，只有第七。"谦虚是一种美德，我们先不管算老几，还是先给自己一点谦虚的美德吧。再加上 点"自知之明"。本来嘛，六百分的同学去了一中，四百分的同学来了二中，不如人就是不如人，这叫实事求是。是马克思主义的真理。你要不服气，你初中干什么去了？

我这么说，你们都会自卑。自卑正好是二中的心病。自卑也不要紧，关键是自卑的时候怎么办？这个方程有两个根，一个是发愤图强，急起直追，稳扎稳打，分秒必争。我们承认,不如人是我们的过去,但不是我们的将来。孩子们,我给你一份自信,我不收学费。这个根可以求证,你们的师姐陈静考取了南开,你们的师兄杨朴在合工大学计算机。另一个根是一个负数,我们的过去已经不如人了,现在已经落后于人了,我再怎么拼命地跑,别人不也在跑吗?我的未来还在人后。于是,二中的"二"自然就成了"一只破罐子",破罐子正好破摔,砸在地上,很响,比小时候摔的鞭炮更响,也可以算得上是"一鸣惊人"的惊人之举。

你吴老师胡扯,我们一个个衣冠楚楚,男才女貌,怎么"破罐"了呢?这个破罐我要不给大家指出来,你是看不见的。自卑本来就是一件皇帝的新衣。这只破罐藏在你的心里,是丧失了信心和信念的自缢,是饱食终日的安乐死——早晨睡懒觉,迟到,上课心不在焉,趴在课桌上可以打出呼噜,幸福得如一只可爱的小猪,从来不记笔记,不交作业。写字的时候也有,给前后的同学传个"打情骂俏"的纸条,骚扰一下。考试做个三五题拉倒!要是能骗出老爸口袋里的钱,上网打打游戏,聊一聊天,说不定,网吧奇遇,遇上个俊男靓女,同病相怜,朦胧爱情一回。神仙啊!也不怕老师骂,我们脾气好着呢。反正我不如人,还怕老师骂吗?只是老师啊,你可别气出了心脏病。祈求上苍保佑,别告诉我爸爸妈妈,周六有棍棒,那也叫军事干预;周日的上午不给钱,那又是经济制裁。

要我说,二中的"二",怎么会阴天呢?你们四百分来读书是阴不了天的,我们用事实说话,四百分的师姐师兄有上了大学的,有挣了大钱的。不如人是我们的历史,只要勤奋,只要自信,历史不可以改写,但可以翻开另一页,那是崭新的一页。你们如果自缢志气,那才是"印度洋的海啸",会把我们的二中淹没的。我反对,我与这样的你有仇!

我要为二中的"二"找一个幸福的理由。孩子们,你们在二中读书应该有一种优胜感,有一种幸福感——全县每年初中毕业生有一万三千多人,上高中的几多?有八千多人中断了读书,你有入学的资格就是优胜者,知道吗?高中不是义务教育,你的父母愿意掏钱让你读书,这意味着他们将付出更多的劳动,更多的艰辛,这是他们正大无私的爱,你真的没有幸福感吗?孩子们,读书虽难,但首先是,有书可读就是一种美丽的人生,我们应该珍爱这一份来之不易的幸福啊!

就算二中二流吧,你们来此读书不是得其所哉吗?二中的"二"就是校长老师双倍的关爱,就是老师不厌其烦的讲解,就是我们反反复复的练习,就是我们师生二人同心同德,我们付出双倍的努力,赶双倍的路程去追赶那些基础比我们好,脑袋比我们灵的家伙。二中二流的师生不如人,不怕!荀子说得好,"骐骥一跃,不能十步;驽马十驾,功在不舍。"书是念出来的,功是练出来的,任何投机取巧都是骗人的!我们自信,我们立下志愿,我们滴水穿石!奇迹也是有的,后来者居上。

有同学告诉我,吴老师你别操这份心了,我在初中就是一个"差生",谁说的?这又是你心灵上自卑的烙印。我们就算是些笨鸟,行了!我们先飞,有道是"笨鸟先飞早入林"。勤奋可以缩短路程。一只笨鸟即使先飞,也可能迟到。我说,迟到也是到。人生的目的终究在一个"到"字上,先到固然幸福,但对一只笨鸟来说,未必不是虚荣。

"龟兔赛跑"的寓言众所周知,谁先到达终点呢?乌龟!我们就向乌龟学习,我们都做乌龟好了。我们完全可以用二倍的时间,二倍的努力,爬过同样是二倍的距离。我说迟到也有另类的幸福感。不是说,人生的快乐就在这些过程中吗?我们通往目的地的距离越长,我们的幸福就越多!

二中的"二",还有不"二"的法宝,怎么学习?怎么胜利?学习科学知识当然要科学地学习,"前人之述备矣!"我们学着就是了。但是,孩子们别亦步亦趋、邯郸学步。吴老师教你几个独门绝技——

虽说"法乎其上,得乎其中,法乎其中,得乎其下",我二中的孩子是些笨鸟吧,我的第一门绝技就是学会"放弃"。"放弃"志当存高远的虚荣,"放弃"上一流大学的理想,做练习的时候,我还"放弃"难题,高考750分,20%的难题我不要,送给一

中一流的同学上清华、北大吧,我们手上有600分,老师你还可以再扣掉一些,大度地一挥手,做两个顺面人情。我们还可以把将来亿万富翁的梦想也暂时"放弃"掉。这够"水浒"好汉的豪情了吧。兵法云,"三十六计,走为上计","围魏"亦可以"救赵"矣。

二中的孩子难题也可以做,吴老师教你第二门绝技,"抄袭!"做不来的题,我也做,怎么做,抄袭着做!干不了的事情,也可以干,"外甥打灯笼——照舅。"我"依样画葫芦"。书法可以临帖,画画叫临摹。高中语文课本里《五人墓碑记》的作者张溥早年笨鸟一个,也是个"差生"。他的成功就是用了"抄"的绝技,什么文章都抄七遍!笨人有笨法,"抄袭"是绝技。今天一些时髦语中的秘密你们看出点名堂来吗?什么"引进设备"、"引进技术"、"引进人才"、"外出考察"、"参观学习",干什么呢?还不是遇到了难题!遇到了解决不了的问题!怎么办?"抄袭"是最好的学习,然后改进,然后创新。孩子们,吴老师教你做难题,抄!熟能生巧,我们学着"庖丁解牛",我们自有游刃有余的一天。

二中的"二"是二倍的艰辛,二倍的努力,二中的孩子读书特别累。吴老师教你第三门绝技,上课累了,脑子出糨糊了,"瞌睡三分钟"吧。跟同桌打个招呼,看在同窗的友谊上,三分钟叫醒!你也可以看一看窗外,开两分钟小差,望望远山,数一数飞鸟,"一心以为有鸿鹄将至"。我们是人,读书别"死",开一会儿小差,是很有"人味儿"的。睡会儿更好,朱自清说了,"酣眠固不可少,小睡也别有风味的。"美啊!我们每一节课认真42分钟,够了。

我是一个另类的老师——我在上课的时候会借鉴相声,小品,评书,哑剧……我教语文的,时不时话多,且跑题,博孩子们一笑,拍桌子也行!三分钟,我回到正题。为什么要"迂腐道学"?而今读书这么辛苦,板着脸孔,就是谋财害命!"牛头跟读祭文",就不如给牛挠痒痒,"对牛弹琴"牛长奶,知道吗?如果我们的学生厌学,我们是要负责任的。读书本是快乐的事,教书更应该有艺术。我时常对我的学生说,"语文课没有差生。""书本之外,你们看我的,你们听我的。"

同学们,二中的"二"是什么？我为你的未来买双重保险。一份是自知之明,一份坚强自信,你跟我好好念书。

2005年4月29日,校会上

补记:该文已收入我的第三本散文集《以痛止痒》,合肥工业大学出版社,2007年9月第一版,第170—174页。再次选入本集,是因在本集教育与教学主题之下,它无疑是一个十分重要的文本,可以更好地阐释我的某些教育教学理念。我对于"这样的"学生,有"这样的"管理方法。或许这只能是个案。但这是在"我的实践"之后的升华,也为当年经历过的教务主任工作感伤。那一段并不与人雷同的经验,我的教育对象,我的教育故事,都磨砺了我的思想。

竞技争名

被收缴的语文——一位语文特级教师的工作札记

天雨自行车（笔记）

仍然阴天，似乎无雨，我照例打伞上班。我自己先笑，毛毛雨的阴天打伞有必要吗？经过东门卫室，看见昨天羁押的几辆自行车还在，忽然心里比秋末的天气还凉。但不至于冷。这些车子昨天中午就应该被人骑走，为什么现在还在？

昨天早晨天雨，我从东门卫室上班。秋雨的凉爽使我很舒适，一路走，一路乐，想起腋下的语文课本。郁达夫在1934年8月的北平也感受到了如此惬意的秋雨之凉。但他不喜欢南方秋天的漫长而格外眷顾北方秋天的急促。作为南方人却排斥南方秋季的不明显而喜欢北国秋天的鲜明硬朗。这没什么不好，个人好恶无需科学理由，全凭感觉。我马上就要对学生讲《故都的秋》了。但现在已经十月底，南方依然秋雨温润。不过在秋日长久的晴朗干爽之后我终于呼吸到了湿湿的秋雨之美。郁达夫说，"秋天，无论在什么地方的秋天，总是好的。"

忽然看见两个保安光着头在雨中提着自行车急急行走。胖子保安提起一辆自行车的后轮吃力地推着。瘦子保安很英雄地一只手提一辆，大步流星。瘦子做事总比胖子卖力。那肯定不是保安自己的自行车，是学生的。这款式，肯定是女孩子的。我好奇，瘦子保安抢着说，"吴主任，政教处叫搬的。这些学生将自行车胡乱放在办公楼的大厅里，搬走！罚他们款！"保安认得教务主任，话也说得明白。可能他也想得到我的表扬，虽然我并不管保安的事。

"哦？"我有些矛盾。学生胡乱停放自行车，要管，不然学生三千，有车千余，胡乱放,还不乱的?政教处也难,现在学生都调皮,教务处搞不定的事都交政教处,他们压力比我大。罚款虽简单,但比说教有效,因为大家都心痛钱。有人说中国的经济就是罚款经济,管理就是罚款管理。这恰当。难道学校教育就不能是罚款教育?不过我担心起来,车是谁的?罚谁的款?就这么把车搬走,孩子们可能以为被人偷了呢。聪明些的要去政教处报个案,"我自行车不见了。"就能够吃罚单领回自己的车准时回家吃午饭。但要只找找而不去报案,那就哭着回家求老爸给再买一辆。这可能更好,谁不喜欢新车?不过,孩子们已被我们驯化得固执而呆板,可能没这个灵活。

忽然难受,正因为秋雨。学生将车子胡乱挤进教师办公楼大厅也为避雨。车子淋湿了不好骑,尤其女孩儿,要把一辆湿湿的冷冷的自行车骑在衣衫单薄的身子底下,不好。学校的车棚容量太小,我们为什么不先检讨,而只知对学生罚款?当然一时半会还解决不了车棚问题,现在学校建设都要靠自我发展。我们这地方穷而落后,学校跟大街上的市政建设一样,开汽车的也找不到泊车的位置,大街上胡乱停车警察总是很及时地出来执法,方法也是罚款。罚款简捷而立效。设施不到位不只是我一个学校的事情,可罚款已经是我们法制社会的惯例了。在外国电影里也经常可以看见那些洋警察很潇洒地撕罚单。如此想来,在秋风秋雨里我又释然了。

昨天走进办公楼大厅,发现里面还有自行车,但都是很老旧很笨重的男式自行车,可保安并没把它搬走,不知是暂时没有搬走呢,还是猜测那可能是老师们的破玩意儿,给些面子不惹他们。但我想,老师的车也要把它搬走藏起来才是。所谓"学高为师,身正为范"。老师不带头规范自己的行为,怎么教育孩子们呢?再说了,现在什么年代。一所县城高中的老师还骑这些笨重的老式破自行车,像什么话?

想想,我就有些失落。这样冰凉而细密的秋雨,孩子们的自行车到底应该怎

么放?我没有答案。我只担心孩子们一时找不到自行车会急,也担心老是对孩子们罚款方法不妥?但我不会为孩子们说话,因为我解决不了这个问题。也不能指责政教处的同事,如何管理自行车停放是他们的事。且我对付不了的调皮学生都是政教处帮助解决的,那是我良好教学秩序的依靠。今天路过东门卫室,瞥见车子还在。不知是否就是昨天那些车子,或者是保安今天才搬过来的。学生多至三千人,他们经常违反同样的校规,保安执行有关条例或者听从指挥,我说什么话?但我赶紧把雨伞收了起来,希望很快会有一个晴天。晴天里车子四野里都放得,下课了,秋阳晒得暖暖的,孩子们跨上去摇一串铃铛,回家。那感觉肯定好。

2008年10月31日

女生小芳（笔记）

下雪，从外面回来，一个学生家长请客。有关条令禁止吃这样的饭。但中国有敢于随意拒绝人家请饭的吗？那不是你高尚，而是你不识抬举。只是我们学校这样的饭自然而然少而又少，比隔壁学校少很多，以致过去我们校长在教职工大会上说，大家好好干，学生考得多，学校声望大，也会有人把你当好教师宴请的。被人请饭，频繁地请饭，这是我们学校老师的集体理想。当然，这只是期望获得世俗社会的认可。

但事实是我们的孩子大多都是自己来念书的，有三年之中班主任没办法见到家长的。一些家长甚至会反过来安慰我们，老师别那么拼命，你把我孩子当幼儿园的孩子管就行，让他长长身体吧。高考不指望，或者那是高四、高五时候的目标。我的学生不单单中考成绩不好，被"重高"淘汰下来。也是被钱淘汰下来的，他们不可能掏大额的择校费去读"重高"。所谓仓廪实而知礼义，大家首先要确保自己的温饱。

当然，我也是得过学生的感激的，比如女生小芳，他爸爸就送过我一升绿豆。那是夏天刚收获的新鲜绿豆，夹杂着新鲜的豆荚壳，还有太阳的炎热气息。想到女生小芳，就有很多牵挂。想她今年暑假已经毕业，应该是我的同行了。只是不知道她在哪里教书。

女生小芳在我讲桌前念了三年书，开始还不是很突出，但格外认真，是个无比执着的孩子。我知道孩子们喜欢听我的语文课。高一分班,女生小芳和很多女生都留下来读理科,尽管我认为她们读文科更好一些。后来,我就格外关注这一群拼命读书的女孩子,理化生考分老上不去,我也着急。

小芳家里比较穷,我从那一升绿豆就知道。后来我在讲坛上看见小芳干净的外套里面总是胡乱穿一些极不和谐的旧衣。且即使冬天,也不保暖,她漂亮的青春的脸上总是留着冬天深色的冻疮印记。印象最深是那年高考前的一段日子,我这个教务主任经常组织各班的优秀学生集中考试,我自己监考,是为高考"冲刺"。女生小芳就在这些优秀的学生之间。有天我忽然感觉到女生小芳整个夏天几乎天天穿同一件粉红色的T恤,我开始以为是两件相同的T恤对换的,后来终于发现那是同一件T恤。

难道女生小芳只有一件夏日的上衣吗?鉴于一个女孩子的自尊,我不好直接询问。但其他女生告诉我,那是真的。女生小芳其他衣服更破,长了身子也不合身。她白天穿这一件粉红色的T恤,晚上下自习就赶紧换下来洗掉,第二天再穿。只是当我弄清楚的时候,就高考了,我也不能去帮助女生小芳了。

暑假时候,有同事说看见女生小芳在县城打工,有时在餐厅做服务员,有时在一家洗脚店当学徒。我就担心女生小芳的未来,一个穷孩子在贫穷面前很不容易把握自己。但那个同事告诉我,不会。女生小芳是在自己筹备下一年的复读费。他多给的小费小芳也不要,说他是母校的老师。我很希望女生小芳能回到母校来复读,既然知道这些内情,我会帮助她的。但她没有来,可能这是女孩子的矜持。她换了一所学校,去了一个陌生的环境。第二年暑假,我就听说她考取了本科,而且是"理改文",被一家师范学院录取到"英语专业"了。

我高兴,但不意外。女生小芳的英语和语文一贯很好。次年元旦,我收到了女生小芳的贺卡,心里十分温暖。我感念的是我们这些做老师的没有给予女生小芳更多的帮助,过于粗心,十分抱愧。而小芳却是那样的自强不息。

现在,女生小芳应该大学毕业了。不知道在哪里教书。但我相信,曾经勤奋过的人一旦做了老师,也一定更加勤奋敬业;苦出身的人一旦做了老师,则格外富有情怀。她会比我更加敏感,更加富于同情心的。也就是说,女生小芳一定会成为一个优秀的老师。五年不见,不知我是不是还认得这个总是一脸微笑的丫头,但至少现在的"小芳老师"一定会穿得很暖和的。因为她可以骄傲地领取自己的工资。

我为小芳祝福。也希望小芳是在一所好的学校工作,在这样的雪天里,偶尔也有人怀着感激之心请我们小芳老师吃饭,喝酒。

2009 年 01 月 04 日大雪里

毕业留影（叙事）

　　昨日今日，下午课外活动我都被高三毕业班孩子拉去照合影。他们要毕业，不几天学校也将放假让他们休整，调整生物钟，六月七日高考。

　　高考是大事，一考定终身。如果进不了高校这道门槛，你可能会在另一个层面生活。虽然进了高校将来你也未必有出息，但如果没机会接受高等教育，则肯定不会有什么了不起的出息。现在研究生找工作都四处碰壁，难道高中生反而吃香起来了？没这个理。

　　毕业每年都要照合影。承蒙孩子们不弃，愿意喊我这个教务主任。尽管我在他们面前没干什么事情，既无多少表扬，也少呵斥。最多有事无事在教室外边转转。可能他们知道，那个在教室外走来走去的人也是一个关心他们的人。虽多一双眼睛盯着或许有些讨厌，比如晚自习课正好在说闲话，在偷看不被允许看的东西。但学校肯定需要一个负责任的教务主任。只是我能做多少贡献，既由不得我，也不由孩子们。

　　遇见邀请，我一般要客气几句，无论班主任还是班长同学，"不嫌吴老师光头丑吗？"孩子们多会不好意思，"哪里，哪里，我们乐意。"居然有孩子给我马屁，"哪里，哪里。谁不知道吴老师大名鼎鼎。沾光，沾光。"他们虽平时就调皮淘气，但能解答我的诘难也是智慧，敢轻松应对老师更是成熟。我虽不是每班都去上课，但与孩子们也是有"对抗"的，比如他们喜欢故意涂改教务处的通知与告示；比如考试故意抄袭,弄些假成绩坑蒙我。但我并不厌恶他们的恶作剧。学生抄袭纯属正常事态,无关诚信。有"抄袭",自然可以应之以"反抄袭",比比道行好了。人的聪明与热情总要用出来。现在又不打仗,你还能像诸葛亮、关羽一样英雄了去?也不能像姚明打篮球,不能像泰森打拳击,毕竟我们个儿都不够高,力气也不够大。也不能随之互相模拟着打斗,拆学校的课桌。那就跟老师,跟教务主任搞搞恶作剧,好啊。

临毕业,孩子们仿佛一夜成人,格外懂事。知道谦和待人,客客气气的。仿佛忽然有了"离别的愁绪",一个个诗人样子。只可惜并无发泄忧愁的时间,照了毕业合影,晚上我还安排了考试,长长的模拟试卷正在教务处等着他们。"这是最后的斗争。"拼死一搏的日子就是现在。所谓放松那是假话,你若心底有事,能放下什么?都坚持到这时候了。

倒是我心里有些依依,但我不能愁,要祝福。祝福孩子们有一个满意的高考,满意的考分;有愿意的学校录取他们。尽管今年有几百万高校毕业生被社会拒绝接受,工作无着,仿佛人才过剩,甚至直接就是中国人过剩了。尽管今年有如重庆等地大批学生放弃高考,原因是大学之后依然要面临无业可就的失落与迷惘。但安徽人本分,还相信高考与读书。可能安徽还是农业的安徽,农民子弟如不这么赌一把,又如何?这任何个人都无法解决,老师们也不能解释。只有祝福了,尽管我女儿也即将毕业,正在买飞机票准备从日本打道回府,但工作在哪里?她的迷途也是我的迷途。放不下的事情多着呢。

就此祝福,更向孩子们致敬。因为他们早有放弃自己,放弃学习的理由,甚至在三年之前。他们那时就被重点高中淘汰一次了啊,也即被精英教育淘汰一次了。这三年坚持是何等的勇气与毅力。他们面对同样的课本,做同样的练习,考同样的模拟试卷,参加同样的高考,不放弃,忍受着听课与解题的艰难,忍受考试低分的痛苦。压抑着自卑,包容了羞辱。但他们挺住了。

这种现状不是某个学校的个案,全国莫不如此。尽管有人喊"放弃高考,直接绝望"。但若真要舍弃,何如舍弃生活的舒适。奋斗的激越应该坚守,人生少年,不能早早被知识社会淘汰,必须超越当下的卑微。明后天要预备高考,他们可能由此"峰回路转"。不过明天,谁可以预言?但看他们嘻嘻哈哈忙着合影,我格外欢喜。

　　毕业合影最感动我的还是昨天黄昏,一批孩子找到我,"吴老师,老104班的学生也照一张合影。"事先我没预料到。老104班是高二文理分科时被拆解的一个班,班级建制被学校注销了。说到这,我心里惭愧。因为学校计划腾空一间高二教室,以便多招高一的择校新生。压缩谁呢?正好我在原104教语文,另外还有业务校长搭伙教数学,牺牲自己也连带牺牲了孩子们。被分拆的,毕竟还有相处一年的熟悉与情感。

　　好好,照相,照相!几个女生揪住我的胳膊,"吴老师,我还要你新出版的散文集!"我说,"好的,有,有。高考之后去我办公室拿就是。"我曾经放弃过这个班级吗?虽没有,但从孩子们眼里我看到了淡淡的遗憾。这让我内心格外柔软。

2009年6月1日

修改情书（笔记）

歌德说了，谁个男子不钟情，哪个少女不怀春？这是真的。虽然我现在有些老了，当年也肯定是钟情过的。据说老歌德老得几乎不能动了，还极其浪漫地"钟情"过一次。所以现在凡遇着乐意怀春的人，我都粲然报以会心的微笑，仿佛自己也分享了酸涩的幸福。只是年复一年在学校里教书，我教室里的学生要有个"怀春"的就有些麻烦。

事实是教室里的暧昧"纸条"总层出不穷。当然，有些仅仅倾诉一下好感，我就把它叫做"暧昧的纸条"，可以不管。有时孩子们互相发送手机短信，虽然秘密地，有时碰见，但内容无油无盐，且连纸条的"证物"都给省了。但那有一句没一句的文字，像诗歌一样意境氤氲而朦胧。由它去吧。但有一些就是地道的"情书"。性质就立即"严重"了。

"关关雎鸠，在河之洲。"自古而然也。如果仅仅是私下里的事情，老师也管不了的。谁可以把那些"爱情地下党"一网打尽？总不能奉行"宁可错杀一千，不可漏过一人"的法西斯政策吧。但一旦暴露，就要对他们进行干预了。总有一些肉麻的"情书"被一些很乖的女孩上交到班主任手里。那个倒霉的男孩就要为他的爱情，为他的初恋付出相当严重的代价了。轻则被班主任约去"谈话"，重则要写检讨悔过书。我常笑，任何爱情都是有代价的。有些老男人也时常为爱情受到惩罚，一般都是失控于自己，轻则不听太太的话，重则不能让曾经深爱的女人满意。

但这些少年就很冤枉了,初恋应该是他们的基本人权。他们什么都还没有,就被惩罚了。这很"倒胃口"。我担心他们将来要么"爱"得更加执着,爱得更"贼";要么就此夭折了爱情所有的美感。爱而不被许可,中国的文学里就有许多类似的悲情。

我也时常调笑那些班主任同事,又做"妇联主任"了?他们日日夜夜紧张兮兮地干预那些男同学的"情书"或"暧昧的纸条",那还不是在维护"妇女"权益?但这些"荷尔蒙的文字"是不可能被禁止的,为了朦朦胧胧的爱情,我们总是无师自通,前仆后继,犹如飞蛾扑火。这也是好事啊。世界因此如春花秋叶,色彩灿然。我有时候高兴,就懒得训斥人了。想想,我们为什么不换个法子"引导"一下呢?爱情,教室里的"爱情",那些花季的好感,难道不是一件美好的事情吗?我不愿破坏这事儿的美感。我还想,我的学生他们要这样"美好"下去,也不是什么坏事。我过去的学生有互相做夫妻的,我要流窜而去讨杯酒喝,酒菜都好,格外自在。他们都是我曾经的学生啊,根本没有陌生。就不用介绍了,他们一起喊我老师。校园里若没有了爱情,是不是像美好的春天没有傍晚的雨水呢?只可惜我的校园不是自由的大学,而是懵懂的中学。孩子们年纪尚幼,爱就不是能轻易谈得的!爱情需要成熟的承受力。

有时候我会主动从班主任那里"接管"一些"爱情的纸条",不是我想偷窥这些少年的心事,而是希望能够为他们做点什么。我也是"合伙"的语文老师嘛。有天我看到一封爱情的誓言,就觉得这个誓言写得不够好,有些词不达意,不足以感动她人。语文老师的毛病立即就犯上了。我把它当作学生作文改了起来,直至我自己满意,仿佛是我自己当年的"情书"。人若自己开心,就不愿责备他人了。我把"情书"的主人从教室喊出来,说,你看看,这样写好些不?我的学生先是一阵子脸红,但慢慢就说话了,老师就是老师,作家就是作家,好些,好些的。

肯定要好些的。我们当年虽然也爱的笨拙不堪,但我们现在都是爱过的老男人了啊。渐渐,这样的事情我越做越多。这不是恶作剧,是很真诚的。为此,我在自己的语文课上公开"辅导"过,情书不是不可以写,但要写好。你要写不好就找吴老师帮忙啊。情书也是实用文。凡实用文都可以是语文课的教学任务吧。我说了,他们跟我念三年高中,情书都写不好,反反复复写了情书人家都不理睬,那不是"有辱师门"吗?我给学生推荐过很多情书的范本。

我自己养的也是个闺女,自然也得到过她主动上交的"纸条"。跟在我的学校一样,一般我什么都不说,随孩子自己处置。但有时也喜欢拉起笔来修改修改,我就仅仅做个语文老师,帮孩子们改改文字。事后我说,这样更好些不?我女儿也说,好些的,好些的。我说,好些就跟那个男孩交流一下吧。我女儿有时还真的就交流一下的。人家也就不再写了。

有一个学生就很坦诚地对我说,老师,我不写情书了。我说,为什么呢。他说,因为写不好,老被你修改。还是多读书吧,也许将来会写得好一些的。我估计不是写不好,是投递了,石沉大海。我还是很得意我的法子。虽然不是每回都见效,但大多有一些用处。学生写一篇"情书"都被语文老师改得满纸通红的,什么文字水平呀,谈什么"爱情"?爱情也需要读书,需要学习。还是多读读别人的情书吧。

是啊,读书,先学着被别人的爱情感动。中学课本上不也有情书么?我跟孩子们敞开了心灵,坦诚出语言文字的美感。什么话都好说。我们的语文课本里不只是有从《诗经》开始的朦胧初恋,也有一见钟情的《西厢记》节选,有爱得死去活来的《牡丹亭》之节选《游园惊梦》,有爱得绝望的《杜十娘怒沉百宝箱》。教育的过程就是孩子们成长的过程,成年的过程。我们不能将目下的少年锁定为永远的少年。还是就势推开那扇"人性之门"、"社会之门"为上。当然也有古灵精怪的学生喜欢黏着我,说是跟老师学习诗歌创作,写出的就是一些地地道道的"情诗"。简单替他们看看是不行的,他们总要我润色修改,这些诗歌后来是不是就成了"暧昧的纸条"传到女生手上去了,我不知道。他们是不是在"恋爱"或者表达某种好感,女生是不是被感动了,我也不知道。因为他们不让我知道,我就不必知道这些了。我只是老师,只是教学"遣词造句"的语文老师。而已,而已。

好在我的学生都正常毕业了,上大学的上大学,打工的打工,平安无事,并没什么人"违规",也没有什么人"犯法"。

2009年2月20日

受伤的屏蔽仪(叙事)

我受伤了,因为考试使用了有"辐射"作用的屏蔽仪。我心痛,精神恍惚。这就是屏蔽仪给我带来的痛楚。但我不是考生而是老师,也不是坐在教室里监考的监考老师,是管理考试的教务主任。考试使用了屏蔽仪,当然学生照常考试,老师照常监考,但受伤的却是我。我发放这些屏蔽仪时并没有受伤,因为那还没有接上电源。但考试之后我就心痛,头昏,精神恍惚起来。

"考考考,老师的法宝;分分分,学生的命根。"虽然现代教育理念反对应试而提倡素质教育,但只要有高考在,我们这些学校就只能几乎天天考试了。请问,不考试,现代教育何为?这不是我的疑问,而是中国人的集体疑问。中国基础教育的唯一目的就是让更多的学生考上大学;中国基础教育的唯一评估标准就是测算各个学校的升学率。因此,我们也就只能在现代时空里孜孜于应试教育了。考试,最严格的考试。何以严格,使其不得抄袭。但有老师监考也不可杜绝考场舞弊,因为现代了,自然有高科技舞弊。

我的学校属于城区薄弱学校,薄弱就是生源素质差。教育的薄弱可不像社会上的贫困,无人扶贫,更无人同情,只是更严厉的挤对,更广泛的鄙视和嘲讽。因此,我们也就只好跟着那些示范中学一起考考考,一起挤高考的班车。明知不可为而为之,拼命提高学生考试成绩。如何提高,最后一招还是考试,且严格地考,只有考出了学生的真实成绩,检测到其应试的基本技能,复习才可对症下药。当然学生如果考差了也没什么的,本来就"差"嘛。而且我的学生不可能不"差"。我们是想知道孩子们的真实而谋求对策,好与那些重点高中的天才同学自不量力地比拼一番。

但学生虽是"差生",不知道为何,考试一点都不马虎,做不来题就想方设法抄袭。这不怕,学生若喜欢抄袭,我们就严格监考。所谓兵来将挡,水来土掩。于是老师与学生之间就有了抄袭与反抄袭的互动。考场俨然战场。当然这场战争也有传统与现代的概念差异,冷兵器时代早已结束,现代的考试战早就是信息战了,同样看不见硝烟,手机作弊流行而且猖獗。高考如此,公务员招录,外语考级,研究生考试莫不如此。我没有想到,高中生一次测验,一次期末考也非如此不可。因为考好了也就老师一句表扬,顶多学校一张奖状。或许人人都有虚荣之心,考试舞弊同样可以励志。

而我们总是要追问考试成绩的真实性,因而针对手机短信舞弊,我们就使用屏蔽仪屏蔽他们,使其束手无策。这是仿效国家级的高考。这次期末考,作为教务主任我亲自布防,亲自督战。除了打乱编班,多人监考,使用30人标准考场之外,我们还广泛布放屏蔽仪,与学生打一场现代电子战。没有想到的是如此一来我就把学生逼回到冷兵器时代了,教学楼一片嘘声。这证明效果奇佳。但是当下一堂考试我再去检查屏蔽仪时,许多教室就不可能再使用屏蔽仪了。这些"差生"谋划事情一点也不差,他们把教室里的插座全部破坏掉了。且彼此仿效,与日俱增,最终使我主持的"电子对抗"束手无策。这一点,我无论如何都不能在事前预料。

更有甚者,少数老师也不配合我,多有"汉奸"行为,许多人在考试结束时故意将屏蔽仪遗弃在考场,不交还考务办公室。这我就一身冷汗,仿佛美国遗落了最先进的隐形飞机,这些期望舞弊的与我对抗的考试战士会善待那些遗落在考室的屏蔽仪吗?我急,就四处找。学校太大,南楼北楼东楼西楼够我爬的。我的担心并非多余,果然在南教学楼四楼楼梯上找到一架屏蔽仪的"残骸",真像天空掉下的美国佬的预警飞机,一片狼藉。

这屏蔽仪并不是学校财产,是我找县招生办公室借的,如何归还就成问题了。校长会不会扣我的工资作为赔偿倒是小事,这是每年高考的专用物品,招办是否会因此而处理我呢?嗨,没想到这屏蔽仪屏蔽来屏蔽去,最终伤着的却是我这个搞屏蔽的教务主任。这把我气得头痛,胸闷,更让我无限伤感。

然而反过来一想,我忽然哈哈大笑起来。我为什么不可以哈哈大笑呢?我的学生真的是些有能力的,敢做敢为的学生啊。一是他们有极强的好胜心、自尊心,不惜舞弊也要考出好成绩,这多么坚韧。还要我担心他们的高考吗?二是他们头脑灵活,性格刚强,动作敏捷,措施得力。将来他们要成为共和国的钢铁战士,也是敢于并且能够对抗任何超级大国的先进武器的。只需看看今天,他们可以切断敌人的电源,可以轰击敌人的雷达,可以干掉敌人电子对抗的预警飞机……而使大刀,舞长矛,世界上任何人都不是我们的对手。无论是秦始皇的子孙还是成吉思汗的子孙。

想想我们冷兵器文明多久啊,也想想艰苦卓绝的抗日战争,最后都由我们胜利。我长长地舒一口气,笑,一个人偷着乐!

2009 年 1 月 16 日

清醒的尊重（叙事）

前几日去某机关访友。当年他是班上的团支部书记，我是班长。这似乎是一次高规格的会面。正事之后就闲聊，我似乎是在等他丰盛的晚餐。不一会，进来一先生。面熟。当年书记就忙着介绍我是谁谁，如何如何了得。那先生就说，认识，谁不认识吴老师，老文人嘛。我想这小地方出个名真容易。不仅如此，原来他孩子就在鄙校念书。接下来，我们似乎就有很是谈得来的话题了。

但不，他忽然说起要将孩子转学的事情。忽然对鄙校有了一肚子十分真切的鄙视。我虽诧异，但也淡然。因为我既不是校长，教务主任也卸任有一段时间了，现在只在教育工会混事，且这孩子不由我教。事不关己，大可高高挂起。

事情慢慢被这位家长朋友叙述清楚了，原来是他孩子班上某某授课老师对学生训话，有话说，"你们这些三四千名的孩子……"所以被他训话的孩子回家就向家长投诉，说是"受到了侮辱"，所以家长立即电话向班主任投诉，今天这也算顺便向我投诉，且请我务必要转告某某校长，他说，"哪能侮辱学生呢？要尊重学生，要鼓励学生……"似乎这位家长朋友是很懂得一点教育的，他说，"学校不能这么办，老师不能这么当……"

我好久没有回答他，一直在洗耳恭听。这时候，我是应该谦虚一番的，最好检讨一番。因为我毕竟是前教务主任，目前虽在工会赋闲，也还算个中层管理者。当此唯我一人之时，我有道义承担有关对学校的指责。故而我仔细询问，有前言么?有后语么?老师的"话题"到底是说什么事情呢?我始终没有得到及时的确凿的回答。但我慢慢知道这孩子目前是班上是前几名的学生,段考成绩也很好,家长对自己孩子的学习还算满意。不满意的是那个训话的老师。为了呵护孩子,怕他受老师的伤害,因此才质疑老师的师德和教育水准,顺带质疑我们的教风、校风。

也是,学生成绩要不好,要不自尊,才不会气呼呼回家向家长投诉老师呢。至于谋求转学,我理解。有不少学生都在谋求转学,因为有比我的学校声名更显赫的学校在。无奈当初录取,这些学生凭中考成绩是不能被其正式录取的,现在政府严控,招生录取"三定",花钱也不能"买"进去的。就是说,他们考分太低,没有获得进入那些名校的资格,最终就被"分类"到我的学校来了。

对此我只能深表同情。毕竟人家既没有获得这份"虚荣",也没有获得这份"实惠"。而我们,就只能更加发奋地教育他们,以期他们有名校学生同等的未来,无论是成人,还是应对高考。我相信奇迹总是有的,我们这些老师和我的学校也都在自信地忙碌着,虽有委屈,但并不自卑,更不气馁。分类教育才是合理的教育。孔夫子说过,"有教无类",所言即是教育和接受教育的公平,并不是任何人都可同一地不分类地混沌地教育,教学。那不恰当。有教无类,我们的使命就是教育这些中考排名三四千名的学生。这是社会分工。也是事实。

但分工之后,我们有我们的教育道义,有我们的教学法则,自然也会有我们的教育成果。我对这位适才还奉承我文章如何了得的家长说,我那位同事的言语并不见得有什么不得体,我也经常这样开篇跟孩子们说话,一定会有上下文。而且这可能还是一句表扬的话,鼓励的话,至少是一句符合事实的话。你家孩子到底是多少名呢?

……他不敢说出这个"到底",或许是忘记了。但我知道,我的学生在录取当时最好的名次也就是全县中考排名三千名之后。若真是三四千名,那就是我校最优秀的学生。因为我大部分学生是五六千名甚至更后的学生。全县有一万二千名考生的。现在,七八千名之前都可以读高中,说你三四千名难道不是表扬吗?明确学生到底有怎样的资质,知识基础如何,中考位置如何,老师才好对症下药。透彻地分析学生,才是得体的教育。洞悉了教育的对象,明确了教育的目标,知道竞争者的位置,也如兵家之道,知己知彼不是?对那些最优秀的学生自有合适的教育方法,次之者,再次之者,那就一定要换一种教法的。所谓鸡有鸡的养法,鸭有鸭的养法,岂可一概而论。

及至争辩激烈,我同学就发话帮我一起解释。说老吴同学是我高中时候的班长,人好着呢。过去是教务主任,都十几年了,虽政治上无什建树,但业务上也算资深管理专家,还是特级教师。这情况一定比你清楚,方法一定比你得体。真要侮辱人,"骂你"三四千名没有骂到位,要到位就骂你一万二。

非为好辩,我只解释说,我们刚才谈论的那位老师,虽然你说不出他的姓名,但我已经知道是谁了。刚从高三下来,他今年高考成绩好着呢,班上有个也是当初"三四千名的家伙"高考排名理科全县第189名,那可是绝对一流的成绩。你不能说这个第189名也是侮辱吧。然后我们彼此默默,不欢而散。那家长朋友去别的办公室走动去了。我也无心吃老同学的晚饭,默默回家。

我就想,师生之间,学校与家庭之间都应该彼此尊重,任何情况下都不应有任何形式的侮辱。误解也当及时消除为上。但这个尊重应该如何尊重呢?是虚伪地遮掩,还是虚情假意地鼓励?恐怕首先要尊重客观事实吧。若无事实的清醒,这个学生恐怕不会有什么辉煌的未来,教育也不会有正确的未来。

比如对我学校的尊重,社会并不承认那是一所入流的学校,难道我非得要人家吹捧已是一流?一流只是我们的奋斗目标。目前我最优秀的学生中考成绩就只有三四千名,如果我不将这些三四千名的孩子甚至五六千名,七八千名的学生赶进千名之内,他们要圆自己的大学梦将没有任何把握。我们并不能违心地说任何学生是第一,你过去第一,现在第一,将来也还是第一。那是误人子弟。我的学生已经是有知性的青年了。难道还需要我们这些高中老师像幼儿园的阿姨一样,整天说,"嗯,你是最棒的!"哪来那么多"最棒"呢?此必自欺欺人。

清醒是必须的,尊重事实也是必须的。此外无有尊严。当美国的航母一再开进中国的南海、黄海,我们已经与美国一样强大了吗?现在的夜郎自大仍然只是一个笑柄。那些满街开着没有知识产权的汽车神神叨叨的家伙,还以为跟跑在纽约大街一样牛逼呢。不可当真。

在你家里,你那个唯一的孩子可能是第一。过去是,现在是,将来也是。但你需要这一份虚荣么?那你就永远把这个第一的孩子留在自己的家里好了。我不得不深思我所从事的教育的艰难。像我这样的学校,在如此的社会语境下,教育何以能够科学,劳动何以能够公平,教育者何以获得自尊。我多少有些忧伤。但我藉此祝愿我的学生们能够赢得真正的尊重。不过,那一定是在战胜了对手的强大,同时也战胜了自己的虚荣之后。我也希望所有的家长能够洞悉社会以及个人生存的严峻,心存梦想,实事求是。

2011年12月7日

关爱与伤害（演讲）

我们经常要求学生这样，要求学生那样。对自己的孩子也是如此。有时候还固执地要求自己的朋友，要求我们愿意关心的每一个人。这样要求的理由就是"关爱"，希望大家都朝所谓的"好"的方向发展，希望朋友们有更幸福的明天。

但往往事与愿违，孩子们要么不以为然，要么阳奉阴违，要么公开忤逆反抗。对朋友也或许只落得个自以为是或者啰里啰嗦的声名。

我感觉，真正去关爱一个人，好艰难。自己一把年纪了，中学教师都当了二十六年。并非好为人师，实际职业就是"人师"。如此，每每这样的事情，这些关爱的语言，总吃力不讨好。我就想，我们是不是可以随意一些，或者略微冷漠一点呢。可能世事玄机都隐于无声的苍茫里。那些阅世极深的人好像总懒得说这样热火的话，别人的事他们大多懒得去管，我猜测他们大半是吃过亏的。因为按道理老头子正好有资格教训人，他们为什么不？这就是一个疑问。不爱"教训人"是一种好脾气，然而不爱"教训人"则未必是一副好心肠。世间许多人都吃过"后悔药"，甚至成年之后每每骂自己的老师、长辈和朋友，说当初如果如何，如何，要是当初"严格"一点，他们不就更有出息了吗？要是当初再"坚持"一下，他们不就不犯或少犯错误了吗？要是当初哪怕仅仅多说一句"不行"以阻止，他们不就少走许多弯路吗？

是啊，人生却有许许多多爱的当初。那是我们的起跑线，是人生的出发点。如果一个人错在了"起跑线"上，老师和教练是有责任的。如果一个人出发之时方向都不正确，南辕北辙，许久才回到所谓的"正途"，其一生将多么可惜！

我曾在某次"校长论坛"征文比赛中任评委,评审过这样的论文,一位老师为多年前的经历写下了悔恨不已的反思——

一个学生给他发来明信片,以其现在成功人士的身份指责老师当年的言语伤害,满心痛恨而公开还以恶言。我从文字里窥见,这个老师至今依旧很"善良",并没有指责当年的学生,只是"悔过"全无印象的往事。他早不记得当初说过什么话,是如何伤害了人的,但还是写出了这篇恳切的反思文章公开发表,向同行交流,告诫所有的教育者不要再"伤害"自己的学生了,不管有意还是无意,即使善意,当然更不能恶意。只是那位老师无论如何都记不起清晰的事由,也不明白这个学生毕业多年,有了事业的成功,有了美满的家庭,为何还如此耿耿?居然要用"明信片"的方式坦陈心中的"怨恨"。而"明信"的目的绝对不是问候老师的节日,祝福老师的现在,也不是诚心与老师做善意的沟通,而是故意用"明信"公开,似乎在公平公正地"以眼还眼,以牙还牙"。

那当初还有谁经历了这一次伤害,佐证了这一次伤害?但明信片一路行止,多少人看见?这篇反思文字,我也是见证者之一。我读出了这个老师十分的羞愧,同样也十分的委屈。其仅反思了自己的当年,更反思了我们"普遍的人性"。

我猜想,老师伤害学生的事也可能有,但一定很少"故意"。这是最起码的师德。往往学生"屡教不改",老师则"恨铁不成钢"。"恶言"或许也是有的。在中国,不是在美国,言语的侵犯或许有宽宥的国情。所谓严师,或有恶语,甚至举起手来,说,我今天不做老师了,改做看守所的临时看守了,也有之。一般情况下,学生也不会计较"扬起手来的老师",偏一下脑袋,嘻嘻的跑远玩去了。即使当时计较,事后也会默许老师的"善意"。在很多师生聚会上,我们也会听到某个老师与某个学生的共同检讨。老师说,"唉,我当初脾气不好。"学生则说,"老师啊,那年月我们真是太调皮了。"余下就是欢乐,就是喝酒。真正记恨老师的不是太多。而往往所谓的"师生深刻的情感"多半都是由于当初的"关爱",甚至就是当初那些不愉快的"过节"。老师记得的总是那些淘气学生,学生也总是感恩那些喜欢"找茬"的老师。而那些"好孩子"是谁？脾气好的老师是谁？彼此反而茫然矣。当然所谓的"好孩子"，他们也似乎不需要老师的特殊"关爱"。那就由他去吧。这似乎是教育的通律。

能不能找到永恒的美感呢？即做老师始终是一件"美差"，做学生始终都"如坐春风"。或许可能吧。但老师与学生就必须付出共同的努力，必须有共同的良好修为。古语以为"严师出高徒"，严厉也罢，严格也罢，这个"严"，于师于生都是有"代价"的。你愿意付出怎样的代价？所谓"玉不琢不成器"，这个"琢"才真正是有"切肤之痛"的，有时还要触及灵魂，流一些"变形"的血与泪。真正的老师不是整形科的医生，他们的道义是矫正我们的灵魂。但现在早已不再提倡这样的"琢磨"了。师与生，必得有最恰当的"距离"。这有明文的规定。

但也许是"和事佬"的庸俗哲学。教师职业规则已明确规定了哪些可为，哪些不可为。老师动手只能写板书，改作业，不能直接"修改"学生的。出言也只能出善言，不能逾规而出恶言。不然，学生一定"维权"。当时就维权。我知道有许多同行写过检讨，甚至赔过所谓的"医药费"、"营养费"、"护工费"、"精神损失费"，跟"城管执法"PK"小商贩"一样。当然也有老师"教学相长"而被学生"修理"过的，甚至有老师为此付出了生命的代价。教育并不全是春天花朵般的温情。历来如此，你要真做个敬业的老师，也必得"鞠躬尽瘁，死而后已"。

而像所谓的北大的高材生"范跑跑"老师，像我们安徽的老乡"杨不管"老师，在此就不讨论了。他们有他们彼时彼境的缘由。而社会也有社会的多样性。复杂就是"学问"，而多样性就是"趣味性"。该不该关爱，这无需讨论，要讨论的是关爱的方式和方法。这应该属于教育的"艺术"，必须升华至某种境界。关爱而不伤害，我们还得努力而为之。

2009 年 1 月 19 日

后背的恣肆（叙事）

　　由我主持一场监考。就一个考场，七个人考试。我先是坐在讲台上，在考场正面，严肃地注视着这些考试者。后来无事，就用好奇的目光一一巡视这些考试者。而巡视久了也就有些腻味。可能任何形式的监考都很腻味吧。监考当然要严肃，但这是无所作为的严肃。监考老师也会因为无所事事而无聊至极。这比警察站岗乏味，考试的人不走动，没有了丝毫的生动，教室里空气也似乎是死的。偶尔有抬头的考试者，目光每与我交集，彼此就迅速不自在起来。这些大男大女，有的向我微笑，很大方的；有的羞涩；也有向我干瞪眼的。有些人似乎还有某种敌意。这我理解。考试者总企图通过考试而达到某种更高的人生目的。监视者则是他们轻而易举获得好成绩的阻碍。这种关系似乎就有某种敌意深藏其中。

　　我忽然不想坐在他们正面了。搬个凳子，我跑到考场后边去坐。这是一种逃避，我不希望与他们形成一种对面、对立的态势。彼此都自在些。不过，我马上又感觉到了新问题，坐在考试者背后也同样无所事事。监考，监考，监督考试。我还是要盯着这些考试者。这是职责。但现在我只好看他们的后背。或者说，我是从背后看他们焦急地俯首书写。更多的人不理睬我了。他们也偶尔抬头，看空空荡荡的讲台。我却看不见他们的眼神。偶尔也有回过头来看我一眼的，目光同样有微笑，同样有羞涩，同样地求取善意。当然也还有空茫一片的那种，饱含敌视的那种。

我忽然觉得这很有意味。人与人的关系,相向的,反向的,侧视的,仰视的,俯视的,无视的,到底那一种更合适一些呢？这值得我思考。坐在这些被监视者的背后,我们彼此的处境就变得很暧昧了。我倒是自在了许多,没有了对立面,可以随心所欲地坐着臆想。不再怕他们偶尔抬起来的目光,甚至可以打个瞌睡,开个小差,心猿意马。甚至还可以久久地看某个女士的后背和腰身,臆想一些其他的事。

而这些被监视者的心理感受如何呢？我不知道人的目光是不是物质的,他们被我这样盯着,或许就像屋外的阳光一样有久晒的灼痛吧。也或者像那些闪来闪去的捕捉不住的电光,可以转化出某种类似光热转换、光电转换的能量。那么,我电着他们了吗？不过可以肯定,他们一定能感受到我的看,接收到这种被看的能量。要不,他们怎么会这样规规矩矩答题？心同此想,我立即有一种恐慌,只不过这是一种替代的恐慌。背后有人盯着,比正面的逼视压抑更多。但愿这些考试者大度一些,心气平和,不然心惊胆战的也可能影响考试。我坐到考试者背后,其实是一种最有力量的监视。因为我可以随意看他们,而他们不可能看见我的随意。因此,他们就不会趁我打盹、臆想、东张西望而舞弊。而我照样可以自由地左摇右晃,自由地站立,坐下,臆想一些开心的事。比如白日梦,比如看一个美丽女士的秀发,后背和腰身。

当考试结束,我走上前面讲台收他们的考卷,密封,与我另一个同事一起签字。我再次看到他们紧张之后的面孔,看到他们释然的轻松以及多少有些焦虑的目光。这是一次选拔考试。其中一些人将被学校招录成为我的新同事,另一些人会因此而被淘汰,被迫以失败者的身份灰溜溜离开,继续是我不认识的陌生人。当然他们录取或者被淘汰并不完全取决于我的监考,无论正面监考,还是背后注视,其他的理由会更充分一些。不过我倒是希望那些喜欢抬头微笑的人能顺利过关,因为那是一些自信的面孔,阳光的面孔。有一些人明显被我看得多些,我就希望他们都能如愿。因为那些好看的腰身,要是能长久地行走在我们校园里,也是很不错的风景。

  我的想法可能不一定与长官们的意见一致。我监考,只是整个招录过程的一个小环节,目的是体现某种公开的公平,如此而已。一切成败另有天定。我监考时无所事事的目光根本没什么用处。监考持续了两个小时。我不能白白浪费属于自己的时间,就信手涂鸦写下了这篇手记。我是这个学校已经固定了岗位的语文老师。与他们的不同就是我先来,并且我比他们老。也正因为我比他们老,所以我就可以绕到他们的背后,恣意观察他们,欣赏他们。但我不愿意他们偶尔抬头,紧张地傲慢地看出我的老。我先他们而来,也未必就是人生的胜利。

2008年8月30日,南楼206教室

丢失了"赤壁赋"（笔记）

冬天的阴雨，温暖依稀而潮湿恼人。仿佛就是这阴雨使白天更加短暂，天地笼统，似乎眨眼一瞬，时间倏忽。才从课堂出来，我呼吸着紧促的岁末。这阴雨正与苏轼赤壁泛舟的秋夜强烈对比，清风明月何在，只有旷达的孤独，那就是无所依的一叶扁舟，在半夜里江上问答，苏轼自己也可能正感慨着盛年岁月的虚掷。而英雄有了霸业又如何？也如这江水，有了这明月与清风依旧无声。任何人，无一例外地都会在笼统的流水里渺小不堪。或许，只有心胸开阔，方可以自己安宁。而那一丝慰藉，还在孤高的骨子里精神抖擞。我这样想着，依然有些郁闷，因为今天上课，我并没有被唤起旷达与激情。而前几天，在安庆，同样的课，我觉得颇为得意。

语文教学，真的是一件很奇怪的事情。

2007年11月22日，我参加市级"教坛新星"评比，到安庆市去上考评课，抽签抽到的就是这篇《赤壁赋》。备课没有任何可以参考的资料，但我感觉设计教学十分顺手，课上得有那么一点机巧。比赛教学要出新，出智慧，才可以使人眼睛一亮，精神一振。如不能体现特异的课堂组织艺术，即所谓的精彩，司空见惯，评委课听得多了，必然疲惫。我现在上课可能正巧就是使人疲惫的年纪，毕竟44岁才来打这个擂台。刚到安庆，领导就调侃，说你已是市学科带头人、名师团成员了，正准备抽你做评委呢。压力，天大的压力。但事后，我在34名选手中，名列第2，得了90分的高分。

考评课临时抽签决定教学内容,60分钟写教案,20分钟写演讲稿,接着上课,演讲。是不是比赛使我有了激情和斗志?当监考员把《语文》必修2课本发给我并指示《赤壁赋》时,我竟然心头一喜,这是我少年就能背诵的名篇啊。备课时我只将单元说明及课后"研讨与练习"看了一眼就明确了教学要求,一瞬之间,觉得胸有赤壁。我可以不慌不忙地"夜色东坡"了。80分钟,我写出了较为详细的教案,另外我就命题《等待》写出了5分钟时长的演讲文稿。上课没有学生,是"虚拟的课堂",我知道教学的细节另有玄机,那简直就是另一种形式的"演讲"。所以,我设计了激情的背诵,由"文""武"二字导入赤壁教学——

何处赤壁?千古江山。谁人苏轼?旷世奇才。曹操和周瑜用百万军队打出了一个"武"赤壁,名留青史;落魄的诗人苏轼只用一篇作文就写出了另一个"文"赤壁,也同样名留青史。孩子们,看来作文还是值得一写的哦。单元教学要求我们学习游记,苏轼为什么不标题"夜游赤壁记"而要以"文"为"赋"呢?我们看,我们读,我们感悟,这篇文章"赋"出了什么?那是汪洋恣肆的才华,那是悲欣交集的情感,那是几多诗意的语言,那是几多哲理论辩的玄机……作为游记,开篇寥寥数语。时间、地点、人物、游踪以及江上风景,匆匆雅淡;天空流水,清风月色;白露光辉,一苇小船在夜色里凌空……后面的文字就只是一歌一酒,忘情而扣舷……一问一答,茫茫月色呜咽了箫声……古往、今来;英雄与樵夫,永恒与短暂,何谓变与不变?一个人就这样无奈于命运大千……但是,这里所遭遇的一切都因为苏轼的智慧而解脱了清风明月里,这就是宽慰而温情的大自然的怀抱啊!而谁可以管得千古流水?谁可以管得万劫明月?当我遇到了这彻夜的清风,清风就只能是我的了;当我看见了明月,明月也就在我的怀抱之中。所有的一切,都在苏轼纵情的笔端……

我们就在这样的氛围里,讨论课文。我打破惯常的机械释文和逐段解析模式,暂且弃置文言之难,设计给预习和课后训练,我想,诗意的文字需要诗意的语言来导读,智慧的文章需要智慧来破解。若站到更高处,高屋建瓴地读出文章的意境,意达东坡的痛苦与豁达,复活一个落魄文人冷笑的胸襟,我们不可能不获得充足的感染。

这是我记得的大致授课思路。评委们当堂亮分,公开而透明。这个首轮比赛我似乎状态很好。回到旅馆,被本县带队领导询问,我就如实报告,大家也都为我高兴。高中初中小学幼儿园大队人马我是第一个得高分的,大家都要我的演讲稿和教案底稿看。没什么好保守的,我们彼此并不是对手。即使是也没关系,名额多着呢。我还说出了为何如此构思,上课,演讲,希望有更多的老乡胜出而得集体的荣耀。何况有些人本就是我的朋友,我过去的学生。只是我没有想到将因此而遗失这份演讲文稿和激情教案,多少有些可惜。我或多或少遗失过一些东西,但就是舍不得遗失文稿。我颇有珍重手稿的习惯。

事情经过依稀记得。我退房准备回家,因为我大哥中道崩殂,昨日才出丧,我是在清晨把大哥送上青山,然后直接打出租车来安庆的。能有这个成绩,许是大哥冥冥中保佑吧。我将心中的失落和悲痛化做了言语的智慧,化作了生命的强忍。现在我必须赶回去,明天还有仪式。但拿走我文稿的队友却说复印机不巧坏了,复印不得,说次日下午回宿松给我并一起庆祝胜利。后来真的就丢了。好在我参加了第二轮决赛,又一次备课,上课,演讲,又一次胜出,于7人中得了个第3名,出线入省。这次抽签抽得的课文是马丁·路德·金的《我有一个梦想》。教案及演讲稿《多把尺子量学生》都挂在"安庆教研网"上,这可是丢不掉的了。

那么,丢掉的"赤壁赋"我还可以捡回来么？我希望捡回。

但今天,当我企图恢复以往的凝练,流畅和激情,却不能如愿。那就只能惰性而繁琐地一再解说,尽力使孩子们透彻。但何以为懂？懂文言还是懂赤壁？此情此境里的苏轼,我们一说就懂么？我终而迷茫。真是奇怪,语文,一堂课并不可能复制另一堂课。这使我课后始终纠缠于失落的回忆。

这样上课，肯定混乱而痛苦。

想想，我只是丢失了一篇激情的"赤壁赋"教案，丢失了一篇激情的演讲文稿。可能，在这个冬天里，我还纠缠着对亲人故去的伤感。生命莫测，世事难料，苍凉而虚无。人生世上，什么才是可以依托的，什么才是应该珍惜的呢？事后，我的混乱与颓唐难以言说。而苏轼的赤壁往事，何以不是我的往事呢？

2007 年 12 月 21 日

竞技与争名（演讲）

各位老师好，各位专家好。

竞赛已经结束，我已经不是评委了。我是宿松县的语文老师吴忌，是安庆市长得最丑的语文老师啊。真是不好意思。不过我保证，我不是一个坏人，一般不会做坏事丢同行的面子。中午就餐，教研员刘和程老师要我就这次语文优质课大赛谈一点感想，命题《竞技与争名次》。

有话说，"不想当元帅的士兵不是好兵。"可能这句话是世界上最大的错话。因为依据这个逻辑，大家都只能是坏兵了，元帅毕竟只有一个。但我照旧依据这个逻辑说话，那就是"不想当评委的老师也不是什么好老师"。我今天真的当了评委耶。可是，我却只能感谢刘和程老师，是他让我当这个评委的，是他让我成了这个"好老师"的。我的意思是，我内骨子不是一个真正的"好老师"。只是今天在一个好领导的组织下，享受到了出席这届优质课大赛的幸福。

再类推，不想拔得头筹，获得这次优质课大赛胜利的老师，也不是好老师。那么，各位选手是不是好老师呢？我肯定地说，是好老师！因为大家本是因为优秀而来的，是来这里展示自己的优秀，展示各自不同县区的优秀的。因此，大家就是带着自己和集体的使命而来。那么，我们争取自己的课上得优秀，争取比别人优秀得更多，争取有好的比赛名次，争取获得更高级别的奖励，理所当然。我作为评委代表,尊重这次比赛,尊重所有选手的精彩展示。

但是,一二三等奖我们必须区别出来。虽然这让评委们为难。但必须承认,有人上课表现得更突出一些,更接近"优质"的标准一些。

我的感想是,我们与其着意去争这个名次的先后,不如着意去进一步完善自己的课堂教学,进一步完善作为语文教师的自我。因为我们的一生不只是上这么一节课,而是要上一生的课。每天上课都是在比赛,且堂堂课都是在赛场上。我这样说,大家可能都会坦然一些。我建议,大家将这次语文优质课大赛作为交流教学的机会,作为扬长避短,取长补短的机会。也只有这样,我们才会从同行的教学中汲取到更多,自己成长得更快。

我对这次语文优质课比赛的评语是,大家各有各的精彩,各有各的成功,也各有各的不足,各有各的遗憾。所谓来日方长,而今天,我们都是胜利者;且今天,我们根本就没有失败者。所以我要祝贺所有的上课老师。

我不是世故地为评委的倾向性作辩护。我承认,任何评委都有倾向性。任何大赛规则与标准都有倾向性。在这里,我只是以一个年龄略长的同行身份与大家推心置腹。

有话说,"出名赶早。"当然,一个人必须要有尽早成功的进取心。早日成功,早些优秀,早日获得天天上优质课的资质。这是好的。我个人对这种"争强好胜"表达最高的敬意。但我要与大家商讨的是,我们到底应该争些什么呢?这要请大家思考的。

而答案,我以为明摆着,无须我说出。

这次听课,我就为很多老师的精彩教学所感动。我以为,他们是比我这个所谓的评委优秀许多的。我在听课的时候,做了很多笔记,甚至我写下的文字长于很多选手的教案文本。我及时地记录下了这些优秀的细节,以资完善我自己。

比如,吴永前老师抓到了第一阄。可是他毫不气馁,从容执教;

比如,李雪梅老师刚刚准备上课,多媒体居然就坏了。可她能够迅速采取新的教学方式,确定新的教学流程,精彩地进入课堂,始终富有美感地完成教学;

比如,余嫩霞老师是那么激情而细心。下课了,立即赶到拥挤的阶梯教室门口,去关注每一个孩子的通行安全,将她的关爱及时延伸到课后;

……

说到这里,我就根本不在乎自己是什么评委了,我愿意是大家的学生,我获得了启迪,收获了经验,丰富了自己的心灵。我不是一个裁判者,而是一个受益者。我享受的是大家给予的幸福。谢谢了。

出名也不要怕迟啊!你可以三年不鸣!你可以三年不飞!你可以面壁十年!但是,你无论如何不可消磨自己的意志;不可丢失了上进心;不可丧失了对学生的关爱,对教育的激情;不可满足于对语文教育的现状,无论是知识,还是技能。

以我为例。

我自己就是一个很晚才从事普高教育的人。十年前,我在出任安庆市中学高级教师职称评审评委的时候,我一个很出名的师弟就很关切地问我,师兄只是写散文还好,教书可不怎么的啊。

是这样的。我45岁才出门与人比赛而当上了安徽省教坛新星。可紧接着,我46岁又当上了特级教师。然而至今,我自己也不觉得现在就出了什么名。我只是爱上课,爱读书,爱写作文,爱我的学生,爱我的课堂,爱向我的同行们学习,爱琢磨怎么上课而已。

众所周知,我来自宿松二中,我的学校目前连市级示范都还不是。我的学生也是每年中考12000名中的第4000—7000名的孩子,教学是很有难度的。三年忙下来也没有什么高考达线成绩,因此也就没什么名与利的效应。但这并不影响我热爱语文,不影响我从语文中获得快乐,反而促使我去寻找最合适的教法。可能我的教学风格即来源于此吧。

我觉得一个语文老师上好课,且无止境地上好课,在任何时候,任何地方都上好课,才是最高的价值。而坚持这种价值就是一种境界。

再次感激刘和程老师抽调我当了这个评委,感激各位选手奉献的精彩,这将让我记忆终生,享受终生。

与大家共勉。

2010 年 11 月 25 日于怀宁独秀中学

我读我生

被收缴的语文——一位语文特级教师的工作札记

"狗的舌头上都是汗珠"（序言）

"知了在树上叫个不停,连狗的舌头上都是汗珠。"

这不是我说的,然而我惊讶。

这是宿松县钓鱼台初中801班陈依琳同学作文里的句子。她以敏锐的目光发现了这些独特的存在,感悟了生活中春夏秋冬不同的诗意场景,因此才有了《平凡的感动》。这应该是个女孩子,才会有如此的细腻。"这个冬天没有下雪,所以窗外的世界依然是老样子。没有雪,或许多了几棵秃树,或许添了几分萧瑟。姥姥年纪大了,什么事都不能做,无聊时就看看窗外的景色。"她只用寥寥数笔,就老到地勾勒了大山里的冬天,勾勒了无聊而看景色的年迈的姥姥。这多么深刻啊。而且在陈汉大山里,窗外还需要景色吗？不需要了。因为有了姥姥的"看",还有陈依琳同学诗意的感悟。

夏天当然炎热,但是不是"狗的舌头上都是汗珠",以我有限的观察以及阅读,我不知道。但我喜欢这个句子,我还敢肯定这是一个无比新奇的句子。应该没有人说出过。因此我才有如此的惊讶和感动。想这些天才的语言并不只是那些老迈的语言大师才说得出,在我老家宿松县陈汉大山里一个十岁出头的女生就可以了。这使我想起骆宾王七岁时的《咏鹅》,白乐天16岁时的《赋得古原草送别》。

这几天我一直都在阅读宿松县陈汉乡中心学校的学生作文集《山花集》,这已经由我们的诗人教育局长高嗣照先生题写了书名。是校长朱金碧先生,主编陈水林先生所托,他们要我作序。开始我很犹豫,谁愿意去读整本的初中学生作文呢?我已经整天在烦恼高中生的作文了。这些没有灵气的糊弄老师的潦草文字总是让我生气。日子久了,连所谓的文学名著畅销书籍都使我有味同嚼蜡的疲劳。但朱校长与我有同学之谊,陈水林是我早年的得意门生,我这就不能不识抬举了。且两家学校早是城乡结对帮扶的关系了,于公于私都只能应承下来。

但当我从厚厚的作文集里读到夏天的炎热"连狗的舌头上都是汗珠",我就笑了,就有了阅读的兴奋。现在要寻找学生作文的童趣和天然,要寻找语言的新颖和睿智,几乎不可得了。因为应试教育的处境及其模式,频繁的测验和考试早已使学生困守逼仄的教室而无心他顾,隔膜了大自然,隔膜了新鲜的生活原态,隔膜了真情实感,孩子们的作文写作已经被我们这些老师的"要求"和"熏陶"格式化了。这种自由作文的缺失以及作文写作的"考试化",当然就是现代教育的悲凉了。

但是我发现,在陈汉乡中心学校里仿佛尚有一块净土,这本《山花集》中的学生作文,无论是散文、诗歌、还是小说、书信,都还少见这种格式化的酸苦。孩子们除了能够准确把握文体写作的要领之外,除了语言的通顺流畅之外,他们广泛取材,多视角地深情地表述自己的思想,花样百出地处理文章的结构,表达了对大自然的触摸,对人间亲情、艰辛、无奈乃至丑恶的感悟。孩子们无拘无束地表达自己的梦想,无遮无拦地反讽历史与现实,诗意地歌唱四季与大地。一些孩子小小年纪就能够潇洒地自嘲,大胆地逆向思维,说一些自以为是的"拐棍理"。或许地灵而人杰,是陈汉山区青油油的山水滋润和养育了如此灵秀的少年,使得他们的内心还珍藏了朴素、真诚和智慧,从而才使他们的作文有了这样的新异和坦然。

当然老师的培育、提倡和鼓励是至关重要的,我同样为朱金碧校长他们感动,

现在谁愿意花销如此的经费,为学生付出如此的心血呢?这里每篇文章之后都有指导教师准确的评语。我想这样一本作文选就不仅仅是鼓励这些已经入选的作文者了,定会鼓励更多的孩子热爱作文,热爱学习。将由此起点,为人为事都有更加辉煌的未来。

最后我想讨论的是时下有一种针对作文教学的误解,好像一致认为作文难教,作文难写,花费精力也是徒劳无益。甚至每年的中考作文,你努力与否得分差异都不会很大。因此就只能轻视作文了。这尚在其次。而更主要的是我们的作文训练有了专门针对"应试"的格式,这就制约了孩子们的思维和心性,这就更不应该了。

记得三年前流传的一个故事,一个孩子因为作文写得特别好,却被中考阅卷老师评判为抄袭,只得了20分。这种委屈和冤枉就不是一个初中生能够承受得起的了。其摧残的重力是何其大啊。要是依照这样的逻辑,那么白居易是万万不该向人展示十六岁时的"野火烧不尽,春风吹又生",17岁的王维也不该向人展示"独在异乡为异客,每逢佳节倍思亲"。我们对一个孩子的关爱,不仅是一种对作文缺点的宽容,更应该是对那些语言和构思的出类拔萃有所鼓励与肯定。有道是:"自古英雄出少年。"这应该是由于成人社会对少年的消极影响尚少吧。如果社会上陈旧的思想过多地束缚了少年的想象,如果生活中过多的艰难和曲折过分地磨损了少年的锐气,一个人的斗志和才华都会或多或少地衰减。

由此我特别感慨陈汉中心学校良好的作文氛围,感慨朱金碧校长他们的教育理念是先进的科学的,所做出的努力也将一定是一番辉煌的事业。由此,"当映山红再次在山间怒放时,当彩虹又一次架在天空时"(朱程程),这一方水土定会人才辈出。眼下的教育就是"静静守候心灵的领地,为爱撑起一方晴空"(朱丽娟),也将真如三月的春花,一定能够烂漫于天下。"梦想成就未来!"(郑宇)我们于此可以翘首。我希望孩子们的作文写得更自由,写得更快乐。

是为作文集《山花集》序。

2008 年 3 月 20 日

为校园文学祝福（演讲）

各位好。谢谢会议主持人褒扬性的介绍。我在这里应该有两个身份，一是宿松县作家协会主席，二是高中语文老师。语文老师这个身份一定要补充出来。正是因为这个身份，使我深知校园文学与语文高考应试，既存在矛盾，亦可以统一。我如此表达这种关系，并非我故弄玄虚，只因为我身在其中。长期的真切感受可能使我的表达另有言辞。

首先，请允许我代表宿松县作家协会对宿松县校园文学协会的成立表示衷心祝贺。在这里，我既作为文学写作的先行者，作为一个丢失了青春的所谓长者，更作为日日据守语文课堂的高中语文老师，在这个会场，我自是感慨良多。从孩子们青春的面庞上，我看到了无限的诗意和生机。今天如此，平时也是如此。这也是我乐意做一个高中语文教师的重要理由。想想，我每天面对的永远是十五岁，且慢慢十八岁的青春少年。这是多么诗意的幸福啊。今天这里更是"群贤毕至，少长咸集"，据我所知，成立宿松县校园文学协会，这对宿松教育和宿松地域文学而言，都是史无前例的事件。因此，我希望我们共同努力开启一项新的事业，打开"另一种"崭新的局面。宿松教育可能将因此而有某种新的氛围；学校里枯燥的语文课也可能会有某种崭新的教学方法；突破日常的思维，我们也可能会在传统里附加新的教育目标；而宿松地域文学也将因此而后继有人。所谓"长江后浪推前浪"，"江山代有才人出"。我对此深信不疑。

其次，我要感谢各位领导及社会各界对教育事业的关注，对文学写作的理解。教育无处不在，但它其实也需要被更广泛地关注；文学写作者以及他们的文学则安静于某个寂寞的角落，更需要被我们大家温情地理解。这种对教育的关注将是亲切的，人性的，开放的，科学的。这种对文学的理解将是深刻的，公允的，善良的，感人的。我想，这或许首先要感谢我们亲爱的教育局长是一位诗人；感谢我们亲爱的文联主席曾经是一位热心肠的语文老师；感谢社会的宽容和进步，我们已经能够把人的发展，把人的情感和心理的健康放在教育的首位了。而文学则最能陶冶性情，感化心灵。我希望亲爱的同学们能够珍重这样一个机会，珍重这样一种氛围，好好生活，好好学习，好好思考，也好好言语……

但恕我直言，我所理解的文学不仅仅是优美的语言和精巧的形式，文学的智慧直接指向人类的历史，直接指向人类的心灵。我们的文学应该是一种积极生活的文学，一种刻苦学习的文学，一种独立思考的文学。我承认人对于语言，对于艺术，往往有所谓的天分，乃至天才。但我更相信坚定的信念和不懈的努力，文学更需要日复一日的热爱和修习。

对一个少年来说，文学可以是五色的青春之梦。不过，我愿意就此点破这个绚丽的梦想，我更愿意你们把阅读和写作看做一种愉快的学习过程，看做一种崇高的精神追求。乐于其中，我们会因此而更有语言的能力，更有语言的趣味，在人与人的沟通、理解上，有更恰当的更美好的方式。至少我们可以把作文写得更加流畅，更加感人。至少高考作文如果能够得到满分60分，也不是什么坏事啊。

作为一名高中语文教师，作为一个浪得了作家虚名的文学工作者，我对文学写作与语文教学的关联、互动乃至矛盾，有一些切身的体会。我们所学的语文课文，实际上就是古今中外最优秀的文学作品，但我们在所教和所学中，文学的趣味和美感几乎丧失殆尽。课文文本的文学趣味需要我们以文学的眼光去发掘，那些语文的文学性则需要我们以审美的情怀去保持。而眼下，我们的语文老师和学生被整天地淹没在机械的课文分析和鸡零狗碎的所谓语言练习之中,那么对语文的厌教和厌学就是不可回避的事实了。我以为如果我们能够以文学的视角看文学,以文学的立场看语文,以文学的趣味体悟人生,招回语言的生动、色彩、智慧、情感和思想,并不是一种矫情。而是我们必须的使命。今天的大会对老师们的语文教学应该有一个合情合理的启示。

我承认,在校园之中,在学生们的心坎上,在青春的旅途,都是有文学的。而且,只有文学的迷彩方可承载我们青春的幻想,热血和激情。大家初始的文字就是少年的纯洁和诗意的心灵啊,是英雄般的对"既有"和"平庸"的叛逆,是梦一般的对我们生活和生存的理想。让一切超越于现实,让一切更加美好。

我承认,校园文学也是有魅力的,也是有商业市场的。比如,已经成功的郁秀、韩寒、郭敬明等,他们已经有了丰赡的著作、响当当的社会地位和迷人的金钱。这些是我这个热爱文学的老作者所不能及的。但我深知文学本身的艰难和机遇的难得,而时间和青春却如东流之水,时不我待。孩子们,中学的日子稍纵即逝。因此,我既希望有真正的优秀的作家从你们之中走出来,走向中国,走向世界,毕竟文学的宿松也是我们的理想。而我们在座的所谓作家似乎都已经老了,我已经闻到了午后的阳光不再热辣的气息了。但我更愿意大家只是对文学怀着一分美好的盼望,把所有的书都一视同仁地读好。在今天,我们只需要澄清对文学之美的认识,只需要弘扬对文学的热爱与执着,只需要播下乘风飞扬的文学种子,我们的努力终究会生发出存在的意义。

为校园文学祝福吧。我更愿所有的孩子都将有一个美好的未来,正如那些诗篇的精彩,我们继往开来。

2004 年 11 月 25 日

阅读即写作（演讲）

中学语文教学如何处理阅读教学与写作教学的关系并不需要讨论，因其关系明显，长期以来，已成共识。在此作老生常谈，只因这是本次演讲的命题，权作重申而已。

众所周知，作家写出作品，目的就是供大众阅读；而阅读，则是一切写作者积累写作素材、完善知识积累、培养语言技能的重要手段，是补充心灵，慰藉情感不可或缺的重要途径。无人可在写作之前排斥阅读，不管这种阅读以什么方式进行，默读书面文字或只是倾听无字天书。从虚无里直接写作的天才，传说中或许有之；但现实世界大约并不真正存在。因为写作的内容及娴熟的技能无法天生而得，"无中生有"须有生的依据。即使幻想或纯粹虚构，都不能完全凭空。何况人类在自然之中往往显得无知而笨拙。一切人类文明都因了各民族的文字记载，才得以承传久之。我们总在依托文字的神奇，语言的丰沛，依赖那些浩如烟海的典籍而沟通万古。如此，读书就显得极其重要。虽反对读书者亦有之，但历史已经证明，那只能是荒唐而贻笑大方。我们现在还需要讨论阅读教学与写作教学的关系，就是我们在具体的语文教学中没有合理地处理好这个关系。这是遗憾。实际，我们在阅读教学中总习惯单纯性解读"文章"文本，甚至解读也部分丧失了整体性，一切只为高考"应试"，在习题化处置课文，从而缺失了发乎人心，依乎事理的写作视角。这是无知的语文，亦是可怜，可悲的语文。

如果我们在阅读的语境下欠缺了对写作(表达)的技术性思考,这对中学生的学习和成长必是严重疏忽。往往,当我们立意上一节作文课才有写作视角的阅读。老师匆忙举例,学生无奈摘句,甚至粗劣模仿。当然有聪明的孩子也能由此借鉴,亦步亦趋,甚至超越而成功。然而,阅读对于写作,还是有相当影响的。只可惜一些语文教师教语文,往往读中无写,写而无读,彼此分割。这是当下语文教学的通律。谁可反证?在此批评当前的阅读教学,很容易遭同行批驳。或许大家可以举证我们哪一堂语文课没有写作背景介绍?没有解释写作缘起?没有细密的文章结构分析及对语言表达的鉴赏?往往在分析文章之后还有专门的写作方法分析,关键的术语名词更要板书以重视之。这肯定就是对于写作的经验借鉴。

很多时候,我就这么教语文。此即阅读教学对写作的举例和引导,于学生学习写作必定会有良好影响。最好则是在阅读之中对写作心领神会。但仅仅这样还不够。我不是说从写作的视角借鉴阅读的"教学场"不够,而是认为阅读教学对于写作教学的关注度不够。仅仅在阅读中分析既成文章的结构与布局谋篇,分析经典文章表达的句式选择,表达与修辞,句式以及词语色彩,等等,这只是一种冷分析。始终隔着写作者的热血与热情。对写作的影响有则有之,但微弱。正如隔靴搔痒,搔是搔了,但不能彻底触及痒处,是形式主义处置。我看好的则是对于写作过程的热分析。

首先,"热"必须有精准的科学精神,态度上积极主动,阅读教学设计不妨明确以此为立意的轴心之一。"热"更是课文导读者情感上的热,要通过阅读教学使学生感悟到写作者内在的情感温度,那是火热的地心。文章结构大多随物赋形,信手拈来的语言也都缘情而生,仿佛山间自然的河流,其美感并非人工开凿的直与曲,深与浅。中学教材所选文字都是人类语言最优秀的智慧结晶,是人类情感的高度浓缩。当我们通过阅读走进某个作者写作的最初处,四顾了然,阅读的过程就更加简易,而写作则可以借鉴到更多。由此产生的对学生的成人教育,知事与阅世，会有更长久的效用。"书中自有颜如玉"者，正是本于人性的领悟。

　　语文教学不可比较于数理学科教学，其在语言的基本规律之外往往负载了人类更强烈的情感。语文之美，在客观的尺度之外还有一个主观倾向性认同问题。比如我们可以不苟同江南流水的细腻而崇敬大漠黄沙的粗犷，反之亦然。离开人类的个性化审美，回到自然与地理科学上注释一切，许多事情当然是讲不通的。语文有语文的科学。因此，我提倡阅读教学对写作的思维训练要有更多情感的关注，而不仅仅是形而上格式或单纯的技巧分析，时刻，随处，都有文章发生学的科学引领。这样一来，阅读会更深刻，教学会更切近人心人情，学生领悟自会多多。作为中学教师，我们培养的是正在成长的青年，其无论如何都要学习写作，至少毕业时要写高考作文，将来要写求爱信，求职信，甚至悔过书，要抒发内心的情感，记录生存的社会情状，手中的笔何时离得？任重而道远。

　　中学不是大学，那里可以不培养作家，只培养指手画脚的文学批评家。但中学执行的是基础教育，必须切合无穷的可能性。中国的未来就在这些可能性之中。我们必须有严格的把握，苟且不得。

2007年10月

离题作文(笔记)

现在考试,谁要是能写出一篇离题作文来还真算他有本事。我不是蛊惑人走歪门邪道,只因现在的中学语文教得很到位,我们定式了作文思维,孩子们不可能写出离题作文。更何况现在考试多话题作文、材料作文,只要话题在,话题就是个拴马桩。有此中心在,绳子可长可短,这"马"无论如何都走不远。作文若有某个关键词出现,就不能判离题。余下得分高低各凭本事,花样尽可翻新,当然更可老老实实。

作文不离题肯定是一种本事。但作文能够离题就未必不是一种本事?直言相告,本人特别崇拜离题作文,特别崇拜能够写作离题作文的人。因为我发现离题作文自有离题作文的美感。这是本文讨论的语境。

现在,学生作文都写得很好,主题集中,层次分明,内容充实,语言流畅,都还有那么一点深刻,仿佛八股。这我当然喜欢。若挑缺点,除非偶尔几个笔误的错别字,几处笔误的病句。或者书写"字"不好看。到了高三,我们很难对学生的作文做出修改了。也正因为如此,阅卷时常颇感"疲劳"。于是生疑,怎么都这么好?我忽生奇想,如果将作文离题地写,会是个什么样子?当然只是这样想想,可不敢在学生那里做实验。

中学语文课本上有这样的范文吗?好像是有的。

晋时王羲之写《兰亭集序》,按理要写一篇序言,然而他说了些什么呢?课本将其编辑在"游记"专题之下,是酒后离题?宋朝王安石写《游褒禅山记》,他自己倒是注明了游记,但文章多半是议论。我上课分析就觉得理不直,气不壮,干脆诱导学生把题目改成"游褒禅山所想到的",以方便学生理解。往往如是者多,若把这些课文都判定为离题作文,大概不会有人反对。但这些文章我格外喜欢,许是离题有离题的美感吧。可能这正是散文"散"出的美妙。然而我们也只能从王羲之、王安石这些名家的文章里发现如此的离题之美,我们是不是愿意首肯自己的学生也如此作文呢?难说。

我发现离题与不离题,不仅仅是学习而得的作文能力,同时也是长期修养的思维品质,人生性格。我这样说,自有我的道理。我一再对我那些总是紧扣文题的学生说,你将来去做政府公务员吧,写政府工作报告就应该这样一板一眼地写,绝对不可以离题。而偶尔有个别学生作文老离题,我反而格外珍惜,以为他将来一定可以做惊世骇俗的艺术家,做异想天开的科学家,当然可以直接做作家,因为做作家虽然也是写作文,但那需要超常的联想。一切艺术,包括科学,都需要出人意料,这样才能给世界带来意外的惊喜。

我自己是不是一个写离题作文的人呢?回过头去想想,可能还真是。我念中学的时候,有时候作文很好,老师就拿去做范文;有时候作文得分忽然很低,就被老师找去谈话,教我要认真。我自己高考的时候是不是写了离题作文,我不记得了。

有次我到一家报社副刊部访问某编辑老师,当然我不会向其请教中学作文之法,而是要请教文学创作之法。久坐,后来又来了一位本地作者,好像也是一所什么中学的语文老师,说着说着,他就与编辑先生争执起来,因为编辑老师说他送来的稿件是中学生作文而不是文学,不能予以发表。那什么是作文,什么是文学呢?他们好像彼此都不能互相说服。我忽然插言,你写过离题作文吗?这位老师很生气,以为我讽刺他的文章离题。我说,别误会,我也是中学语文教师,不离题的写

法就是中学生的作文之法,而"离题"的写法可能就是文学创作之法。你为什么不试着说说"胡话"呢?

听罢大家默然……

我由此无法忘记这忽然之间的灵光之悟,附记于文后,算是我对文学创作的点滴体会吧。此后,凡我的学生向我询问作文之法,我反而更加坦然,直言自己也不会写作文。而且坦白自己的写作经验,往往在写作之后要发现作文"离题"了,才不去重新写呢,只是干脆划掉事先拟定的文题,给"这一篇离题的文字"重新取个合适的题目。当然,孩子们作文并没有我这样的自由了,但老师业余文学就为什么不能信马由缰做逍遥之游呢?说句实话,我很羡慕这样的自由。其实学生作文,那是一件很苦的差事。这虽为严格训练所必须,但我们的要求未必不过分。这应该反思。

2009 年 3 月 6 日

"唇唇欲动"（笔记）

两个问题。第一个,有人"唇唇欲动"！谁的唇？谁动？如何动？

唇唇欲动的不是我,是我的学生。他们在夏始春余叶嫩花初的时候唇唇欲动。是的,谁个少年不衷情,哪个少女不怀春？老师管得了这些么？但这当然也不能怪我。我是个年岁有些老大的老师,思想有些保守。至少在保持我少年时期,也就是伟大的无产阶级文化大革命时期的"封建"和无知少年的天然"羞涩"。我的唇唇是不敢乱动的。我不乱动,别人也不许乱动之。这,只是我的学生在这次段考试卷上"唇唇欲动"。我在批改学生试卷时,看到了这个精彩的句子。

说老实话,这是我没有听过,没有说过,也没有想过的。谁唇唇欲动,我真的蠢蠢欲动了。这个唇唇,是想读书么？是想喝水么？是想吃饭么？是想接吻么？可能孩子们读书已经很厌倦了,不然不会在我的课堂上"公然""坦诚"地瞌睡,跟孔老夫子的高足宰予一样。然而他们喝水吃饭就一定要动嘴唇的么？也未必。但这也不是多大个刺激事情。我在评析试卷的时候看到,有人唇唇欲动,就必然有另一些人脸红,那正好是桃花一样的暧昧的羞怯。我在这个男生的试卷上打了两个红红的"×",画了两个开放的门球场。我的叉号鲜红欲滴,这又让我浮想联翩。现在孩子们的生活好着呢,他们"蠢蠢欲动"的唇唇也是鲜红欲滴的"唇唇"啊。

现在教书可是件苦差事了。孩子们不愿意好好学习,板子都要打在老师的屁股上。因为有伟大的教育理论家和伟大的教育行政管理专家振振有词地说,没有教不好的学生,只有不会教书的先生。那么,我的学生唇唇欲动,这如果错了,就不是学生的错,只能是我的错。也就是说,不是我的学生唇唇那个欲动,是我这个饭桶老师心怀鬼胎要他们唇唇欲动的。这我可以承认。现在作文,一个错别字扣一分,语言阅卷要使用统计学,且上不封顶。扣我学生的分,就是扣我的分。每次考试学校是要给老师排名次。即使我是个心存犹豫的教务主任,自己也断不能舞弊。但另外的错误我就不敢承认了,包括其中可能有的"好处"我也绝对不敢要的。

再就是,我的学生在这次作文里却十分热爱祖国。这才是令我心花怒放的好事情。只可惜他热爱的祖国跟我略有不同,他热爱的是"中华人民共合国"。我就又是一身冷汗了。那只是这一个学生的祖国,不是我的祖国。我立马在这个国家的名称前朱批,"汉奸,""坚决打倒汉奸。"可能我的学生生活在和平而美好的中华人民共和国,革命似乎已经久远,未必懂得"打倒"的意思。但我也一定要坚决彻底地打倒涂改国家姓名的人。且迅速否认这个同学是我的学生,且反复说明,我可不是这位某同学的老师。不然,这"叛国罪"我会遭株连的。

好在我另一个学生不这么大胆,敢公然篡改国家的姓名,他在这次作文里旗帜鲜明地切入了时政讨论,坚决彻底地反对"藏独",声称西藏自古就是中国的领土。不过这家伙也没安什么好心。他是这样说的,"西藏自古就是中国的邻土。"我可又要出一身冷汗了。"邻土"是个什么概念?我立即想到了东海里台湾省那个讨厌的"阿扁"。对一个主权国家而言,"邻土"大约不可能不是另一个国家的土地了。我立即写出我的批语,同样旗帜鲜明,你这个"隐藏的汉奸",我"也要打你的屁股"。即使是高中生了,我也要坚决地打他们成熟的不负责任的屁股。

啊,相比而言。我这位唇唇欲动的学生,却并不违反伟大的四项基本原则,只是犯了点"作风"问题。唇唇欲动,用唇唇读书当然是好事,上课用唇唇回答我的问题也是好事。吃饭,喝水,唱歌,说话,也都是他们基本的青春权利,无可非议。

然而即使我的这些少男少女的学生真要唇唇欲动,说个朦胧爱情,述个隐约的相思,又有何不可呢?即使接吻,哎呀呀,老师眼睛不好,没看见,没看见的!

是啊,"唇唇欲动"应该是一个新词。它比蠢蠢欲动好,你要是不同意这个好,那你就"蠢蠢"去吧,反正现在已经不是"名师出高徒"的年代,而是"高徒出名师"的年代。那我就姑且随我的这些"高徒"出一回名。怎么教书?教学有法而教无定法。我们只要痴心不改,热爱我的中华人民共和国,维护祖国的领土完整,其他暂且不管!先给孩子们判分,并改正错别字。

是为阅卷后记。

又。2008年5月12日,星期一。当上午我写作此文时,脚下的大地还是那么安稳……但后来,摇晃的就是我悲痛的心灵。为汶川祈福!

2008年5月12日

我读我"生"（笔记）

今年高考安徽卷作文题在大家的预想范围之内，仍然是话题作文，要求也没有什么变化，"请以'读'为话题，写一篇不少于 800 字的文章。"想所有的老师、学生都会相视一笑，"好办！"稳操胜券了。学生们都有话可说，且难离题。我们自当庆幸，一颗悬着的心终于安稳地落到了地上。

现在的高考作文就是好，几乎可以随心所欲，只要求"所写的内容必须在话题范围之内"，可以"立意自定"、"文体自选"、"题目自拟"。谁念了十几年书还对付不了 800 个汉字？不像我们那时，碰巧一个不喜欢议论文的偏偏碰到强令写作议论文，不喜欢记叙文的偏偏被要求写人记事。不离"题"离"体"就万幸，生涩干巴自然不会有高分。现在好了，宽泛里是对考生最充分的尊重，自由里是对考生最人性的体贴，很有人情味。我自己都有生不逢时之慨，羡慕学生们的随意。何况今年安徽实行网上阅卷，两个老师背对背，马虎走眼的可能性很小，大家只要书写清楚，层次分明，文不离"读"，都应该有一个不错的考分，且现在是不提倡打低分的——大家再给考生低分不是明摆着压抑"安徽的"人才吗？与全国一比，也显得安徽的教育有问题，安徽人没有文才。谁不识时务还干这事？

我今年正好带高三，可还是为学生们捏了一把汗，担心他们写不出什么名堂——他们的作文"读"什么？如何"读"？"读"到哪里去？因为真正得高分的作文是要求内容"丰富"，有"创新"，有"文采"，有"深刻"思想的。这些每天十五六个小时坐在教室里看一本语文复习资料听一个语文老师呱嗒呱嗒的学生,如何丰富、创新、文采、深刻呢？而今年安徽卷作文给出的话题材料却偏偏不是这些——

"自然是一本书,社会是一本书,父母是一本书,老师是一本书,同学是一本书,自己是一本书……人生经历中,各种接触、交流的过程都是'读'的过程。读是面对,读是探索,读是了解,读是感悟,读是品位,读是沟通,读是超越……"

这里提示和启发的恰恰是课本之外,教学之外,考试之外,甚至教室之外……材料启示的是充分的人文性和广泛的社会性,引导学生有一个开阔的视野,有一段丰富的人生,关注自然,关注社会,关注人生,关注自我,关注心灵……然而这些恰恰是我们的学校和教学没关注或没有条件关注的东西。说句实在话,很多学校的教学只余下为应试而考试的考试了,教学是非人文的,是脱离社会的,学校、老师和学生都不同程度被应试教育异化为考试的机器了。

我所在的学校就没有图书馆,也没有阅览室,学生看不到电视,课外没有文化体育活动,更不可能有社会实践,晚上上四个小时的自习,学生要翻一本小说无论是金庸还是托尔斯泰,翻一本杂志无论是《读者》还是《科技博览》都会被班主任收缴并被训斥。周六我们也上课,高三周日隔周才有一天假。孩子们几乎天天夜夜都在教室里,自己做一套一套的题,听老师讲一套一套的题。那么,这些孩子所读就是全国统一的教材和学校统一的基础训练、复习资料了。借用一句时髦的歌词,"你是我的唯一。"我们的学生"读"到的书也就唯一为课本了,他们"读"的方式也不可能是"各种接触"了,因而"面对""探索""了解""感悟""品位""沟通""超越"就很有些难。 般来说,高三的学生都比高一木讷,这都是"应试"的祸害,但应试本身并无过错,错在我们家长、学校、老师的教育目标和教育手段——当每年的六月底,高考成绩出来的时候,学校的墙上出现的只是"达线"学生的名单,人数。这只是学生中的一部分,或者很小的一部分。其他的学生都在高考中"消失"或者"死亡"了。尽管他们三年里也交纳了足额的学费,也甜甜地向校长老师问好。而同时"死亡"的还有高考成绩不突出的老师,还有高考成绩不突出的学校——如此"应试"的教育就是名副其实的"死亡"教育,高考发榜,向隅而泣者众矣。

那么,我们的学生是在一个什么政策下,在一个什么环境里,在一些什么人手里,"读"一些什么书,如何"读"书,又能"读"到哪里去,这不可能不是疑问。曾经,一个高三的乡下女生问我,"一枝红杏出墙来","红杏"是什么东西?你不必惊诧。现在,家在农村的女孩她居然不知道什么是"杏花"?但我们照样把这个女生送上了大学。

我很喜欢《读》这个作文题,觉得能够写出好作文。遇见什么就"读"什么,想到什么都可以以"读"的方式说出,内容自然可以无限"丰富",形式可以随意"创新",可以触类旁通浮想联翩写出"自由"的文采,可以深刻地触及广泛的社会层面,"读"是一个有美感的穿透力很强大的动作,你可以站在一个山巅,向无限的方向出发,去寻找,去感悟,叩问大地上古往今来的一切事物,抚慰一切灵魂。这是一个无限开放的话题。

遗憾的是,面对高中的"应试教育"我并不能称内行,尽管我教了二十三年书,但普通高中只教了六年,带的学生才两届,考起来的"大学生"还没有成堆。我以前是教师范的,至今还怀念师范语文教育的自由以及它充分的文学性和人文性。老实说我现在教高中自觉很切近现行的大纲和教材,也切近这些高考的试题,与我过去坚持的大语文教学观很合拍。但你在一个没有图书馆、阅览室的学校,在省略了《语文读本》的学校,在学生看不到电视不参加任何社会实践的学校,在一个收缴学生手上任何课外读物的学校,你的语文课又怎么人文,怎么文学呢?心灵必然一潭死水!

说这些话不是标榜我多么会教书,理念先进,我也已经被应试教育同化了,只是稍微还有那么一点另类而已,人如其名,有时无所顾忌,上课海阔天空的时候不少。尽管也有同事怀疑我是不是教得了高中,但我1984年安徽师大中文系毕业,教高中之前已经是高级教师,教务主任多年,时常混在当地作家圈子里,出版的文集得了安徽文学奖……也就没有人当面质疑了。我曾经告诉学生,语文课本只是"范本"之一,可能还是次要教材,而老师或许才是主要教材,看老师怎么看社会人生,看历史人文;看老师怎么说话,怎么写作……老师每天滔滔不绝,手上拿着的都是属于自己的书,孩子们信赖我,也喜欢,我希望所教的语文贴近了今年的作文题,向社会,向人生,无限地开放。

我曾在教案后记里写过,"不要凭经验来教学这些闪光的文字,不要凭记忆来理解这些人类的思想。我们必须重新阅读,深入他们的心灵,抚摸他们的心跳和激情。我获得了新的认识,有如四季的不同,繁花和冰雪,一切都重新撞击着我。而我作为少年的老师,就应该敞开心扉,启迪他们的语言和智慧,启迪他们的爱和深思。毕竟人类的未来不只是一次考试,而是生活,是生存。我现在理解的语文是情感的语文,智慧的语文,唯美的永恒的语文。"我不是一个优秀的语文老师,开始教高中就已有些老态。但我自信对语文,对学生"读"得还算正确。孩子们语文基础都不很好,并非示范中学的学生,但他们在我的语文课上还算快乐,心灵也敞开。过去和现在,居然有孩子请我替他们修改爱情诗。这是信赖的幸福。至少,在我的班级读语文老师的文集不至于被收缴,作文本上的诗歌也不一定比"关关雎鸠,在河之洲"或者"我愿是急流……"差多少。

对我的学生我很放心,愿他们今天上午的高考,不管他们"读"什么,怎么"读",肯定会"读"出或多或少的诚恳、善良、细腻和美感。这一道作文题也不能写过就丢了,它实际上是一把人生的钥匙,我们以后该"读"的东西还很多。

2006年6月7日夜

矫情或者诗意，也可能残忍（笔记）

因为在一个考点任考务办公室主任，我有幸在第一时间知道了今年的高考作文题，《提篮春光看妈妈》。乍看，这是一个温暖、诗意而灵动的题目。出题者立意的是对孩子们亲情感恩的呼唤。题目可能是简单的，小学生也会写出800个字来吧。文章中有"妈妈"二字，有"看"的动机和情节，有"我"的抒情，大抵就不离题。如此温情的文字，孩子们多少都有一些的。

但往深处想，觉得这是一个多少有些不切实际的难题。在这个炎热的夏天里，在紧张的高考中，孩子们会弄到一只"提篮"么？有"春光"么？有"看妈妈"的习惯么？有抒情的真切视角么？我揣想，可能六七成的孩子不会有。

但"妈妈"我们都有，生养之恩，也当回报。只是孩子们大抵在忙碌的应试教育中，找不到这只"提篮"，也找不到"春光"的。所以这是一个在诗意的外衣下，很是书呆子的作文题。

这些忙于学习应试的孩子，可不是挣大钱的老板，也不是手上多少有点权力的公务员干部。就像当年那首著名的歌曲《常回家看看》一样，这样呼唤亲情，而亲情可能实际不存在或者十分的虚伪和脆弱。考生们是不是有"春光"的心态呢？

如果不巧，考生成绩并不很好，学习压力大；不巧妈妈脾气有些暴，对孩子多有批评，指责和不满；不巧是一个农村的考生，妈妈为了生存已经远在外地打工，长年不得回来；不巧一个考生的妈妈已经不在人世了……这个作文题就很难写了。

除非矫情地诗意。

除非像写小说一样虚构一些情节一个场景。

除非为应试而应试地随笔散文。

或许考生们可以动情地"提篮春光看妈妈"。

那么,孩子们的妈妈需要这一篮"春光"吗?

我猜,这是一个少年提过篮子谋生活,后来多少喝了些洋墨水的人出的作文题。"提篮春光看妈妈",中国古代可能有之,"谁言寸草心,报得三春晖。"今天西方富裕得悠闲从容的国家也可能有之,他们还可能开着自己的汽车去呢。而眼下的中国,则未必有之。眼下中国的妈妈只想要孩子有一份好的学业,有一个很高的高考分数,挤过高考这座独木桥!

如果你只是真的可以从商店里买得一篮"春光",也就这么大方矫情地花妈妈的钱,再将这篮"春光"送给妈妈,妈妈也未必会有幸福的满足的笑颜。妈妈要的可不是这份矫情,而是实实在在的千军万马中的生存竞争的胜利。

这一篮"春光",不如一份好的高考成绩吧。当然学生可以这样写,我努力学习,这就是我"看妈妈"的那篮子"春光",妈妈会高兴的。我现在力争考出好成绩,向党,向祖国,向学校老师,向妈妈以及"我"所有的亲人交一份优秀的答卷。这就是"我"给妈妈的那篮子"春光"。

不管怎样,孩子们都会写出一篇作文,且有可能写出一篇诗意的,温情的,让人心动的滴泪的好作义。我相信现代的应试教育有这个"招"。孩子们也有这个智慧。文无定法,非法而法。没有人指责高考作文的虚构和矫情。我只是犯难。怕有些孩子读书读得呆了,平时也根本不会矫情地关注妈妈的"精神享受"。这份温情的作业平常不做,一时之间陡然发懵。

我们在考务办公室讨论这个题目的时候,就弄了半天,才听清楚"提篮春光"

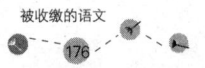

这四个"聱牙"的汉字。我估计,一定有人误读了"提篮",这里数词的省略,让"提篮"因此而有了歧义。可能有孩子会闹出笑话来。"春光"的借喻表面不难理会。但情到深处,"春光"何物,孩子们会抓耳挠腮好半天的。

我听说邻近考点有个考生正死了母亲,由舅舅全程陪同赶考,老师和家里都隐瞒了实情。这个丧母的孩子在这个炎热的夏日又如何"提篮春光看妈妈"呢?这肯定是一次滴血的看望。

人生无常,温情常在。有的孩子已经没有一个温情的妈妈了。那么这个诗意的,温情的,灵动的高考作文题,方便了大多数考生,他们有话可说。也呼唤了感恩的良知,寓教于考试,提升了安徽青年的道德水平。褒之可入化境。但同时也会伤害一些孩子脆弱的心灵的。

因此我只是多虑,才指责这个过于矫情的作文题。

一个语文老师说,他马上想起另一首著名的歌曲,"唱支山歌给党听,我把党来比母亲……"考生要这样入题肯定高啊,只是"提篮春光看妈妈"这个句子的句法,通俗里的"聱牙"很有"嚼头",现在的孩子提东西多提塑料袋,这个句子还"环保"啊。只是又担心城市里的考生不知道篮子或者提篮为何物。

一笑,而已。

2007年6月7日午

带着感动出发(笔记)

知道2008年高考安徽卷的作文题,我立刻就被感动了。年复一年的高考总使人感动,特别是有60分的作文要写,这是一项挑战。与去年"提篮春光看妈妈"不同,去年我很激动,写了两篇多少有些激愤的文字。今年则颇平静地看待这个"感动"。学生不会在乎这样的作文题,因为感动总是有的。在日常之中,在内心深处;真情自我,受感动于别人;世界家国,人事自然;从惊天动地到细若微尘;感动是一件很容易的事情。这类题目学生平时大多训练过,所以不在乎,提笔就能来。倒是"注意"事项的提醒,"不得抄袭,不得套作"不好认定,也极可能。这也不怕,只要我们带着感动,阅卷老师就会把感动之外的事给忘了,会给我们高分的。

要分析一下这个作文题,我觉得有两个着力点。

一是"感动",那可能是一个事件,也可能是一种情感。但无论如何,这都应该是一篇动情的文章。若不能动人,或者情淡,或者情虚,都立不住脚。而"带着感动"就要求我们写一篇有我之文。像哲人一样,给我一个支点,我就可以撬动地球。感动是有力量的,但必须找到这个支点。我个人的看法,正如圣人之言,借用一下,要"发乎情,止乎礼义"。"情"应该就是所有人事的内在,其核心是情中的道义。我们平时也经常诘问自己,凭什么感动?那应该是一种道德的感召。道德首先是人性的道德,感动应该有某种深刻的人性。不怕事大,如5月12日汶川大地震中的感人事迹;不怕事小,一个孩子扶起另一个跌倒的孩子;不怕高雅,伯牙摔琴,许由洗耳;也不怕低俗,在饥饿之中做个小偷偷块烙饼给将死的母亲吧;居家时为你深爱的人沏一杯清茶,甚至只是些更加私密的事件。一切情感的存在,只要是为着生活与生存,都应该感动。而说出,也可以感动他人。

想得高分,于"感动"二字上总要情真意切,如果针对中国的国情,道义总会被夸大,被上升,由小我而大我,由私人生活上升为家国道义。比如民族、国家、人类等大话语更容易被代表政府的阅卷者给予高分。所以,若投机而取巧,则当弃小我之文而作大我之文。尽管文无定法,但主事者的标准往往总是唯一的。

另一着力点应是文题中的两个动词,"带着"、"出发"。动词总被赋予更多的语法价值和修辞内涵。有这两个动词存在,这篇作文就不是一篇平面的作文。这与平日写作的只有"感动"二字的作文有本质不同。"带着"必须有"我","我"是被省略了的施事者。这个问题上文提及,是本次作文的"机关"之一,考验着情感的深度、浓度、广度、烈度。若虚情假意,粘贴情感标签,不能达到感人之目的。必真心实意而激情满怀,像山涧溪流,汩汩而远;像八月钱塘,滔滔接天。这都能产生心灵的震撼。情感终究是产生于个人心灵的精神,必暴发于内心深处。"带着"就是一种真诚,是一切善良、真诚、美好事物的内化和宣泄。感动并不是可有可无的偶然事件,它往往可以拯救人类平庸、孤寂的灵魂,从而成为立体的,多棱的,人类向善求真的必然。

而"出发"则更为关键。这要求"感动"不仅不能平面,而同时也不能静止。"出发"可以是某种真实的行走现实,也可以是某种虚拟的思想之旅,都必须带着深切的情感事件和深切的情感倾向行动。这就要求了"感动"的方向,目标以及行为过程。按眼下时髦的说法,是一种"在路上","在途中",这要求了作文的叙事性,规定了情感的波澜,行为的流程以及人生必然的起伏和转折。感动和被感动的生成、发展必须到达目标的终结点。"出发"是一种广义的存在,是具有现代哲学意义的指示。这才是这篇作文的核心和难点。

回到刚才的审题,"出发"是在"感动"拥有之后的行为,"感动"的道义会被提升得更高。我们因何而感动,是否是真的感动?感动了又如何呢?我们"出发"到何方?这是道义的向度。这会拷问人生的目的、价值和意义。人不能白活着,不能小我而自私,情感的天空要开阔而高朗。

我忽然会心一笑,这次作文真的会感动我们啊!因为安徽的作文题无意或有意契合了2008年的中国"事件"和中国"情绪"。南方雪灾,奥运火炬接力,齐心对待"藏独",近日汶川的大地震……无一不是感动中国的大事件。有了这样的背景,考生们很容易带着2008年的感动出发,复苏古老的中华文明,复兴中华民族的道义。正如5月的汶川,温家宝总理热泪满面,嗓音嘶哑,用"多难兴邦"启示着我们。中国人的2008是集体带着感动出发的。深刻的灾难使民族凝聚力得以最大幅度地被提升。只要阅卷老师不烦恼,我们六十万考生的心灵会被再次触痛,大家都会在"带着感动出发"的征程中,一起被震撼。

写出来的,这一定是一篇有我之大文。

2008年6月7日下午,考务办公室。

时间在流逝(笔记)

我只在走廊上瞥了一眼考场,那道作文题就霍然刻进了我的脑海。"时间在流逝",这是谁如此冷峻地道出了时间的真相,道出了时间的真理。时间肯定是在流逝的。想起当年,我也这样端坐在高考的考场里。但我走了出来,而今头发也落了,胡须也花白了。前几天我又走下了讲台,走出了教室,现在我已经是戴着"纪检证"的考务员。然而,为什么这不是一句废话呢?时间要不流逝,时间里的人会怎样,我担心他的心脏,他的呼吸。

时间在流逝,而我心里发紧。

时间在哪里?是在这走廊里吗?是在我焦虑的呼吸里吗?是在考场里那些考生沙沙的书写里吗?考场上格外安静,只有电扇坚持不懈地旋转。是吧,时间就在这里,在教学楼并不规则的空间里。而时间也很安静,正如这些考生无声的思考。离开管辖的考场,我要回考务办公室了。但我忽然莞尔,时间在流逝,时间也会跟我一起离开这里?或者时间继续留在这里,就像那些考生紧紧趴在时间自己的座位上,或者更像每间教室里那六只电扇,不停地旋转。

我并不担心孩子们的作文,随着时间的流逝,他们会写出作文来的。至于阅卷老师会判给他们多少分,那是时间继续流逝之后的事情。甚至我冷冷地想,今年的阅卷老师也必定跟往年一样,不会很大方地判分,他们在时间的流逝中总念念不忘自己当年的高考,那必定是残缺的高考,谁能够在高考的时间里获得作文的满分?

是的,时间在流逝,那必定有一种"报复的气味"。只不过,那不是及时性的,被报复者的时间与报复者的时间并不在同一条时间之河里。我是说有的人,时间被流逝得更多,也更快。

我们一直在提醒高三的学生,时间在流逝,几乎每一间教室里都悬挂着对于时间的警示牌,"离高考还有某某天!"大约教室里"高考的时间"都陡然停顿在高考前的某一天,因为他们集体离开了教室,准备进入陌生的考场。这几天对于学生,对于我们老师,都会是时间的空白。而现在时间发生了"跃迁",一下子"时间在流逝"的作文题就摊在他们面前,被定格。

我隐隐地忧虑,只是希望这些考生的时间流逝得均匀而公正。也希望他们在时间里的思考不要偏题。比如,我想到了两千年前孔子的河流,他的时间有流水的哗哗之声,好听极了;我想到时间里芸芸众生的忙碌与休闲;至少我们的昨天越来越多,明天越来越近;那些被时间折叠起来的祖先也已经不能被我们记忆……这些大多来自农村的学生也或许不会联想到他们的村庄老屋,那些青瓦白墙上的时间是在年复一年的雨痕里躲藏着,或者就在村头开发区的推土机履带下被随意铲平,被随意填充。

时间在流逝,对于这些年轻的考生而言,恰是一件欢乐的事情。他们在流逝的时间里不可能有任何恐惧,这流逝的时间只是他们高考的时间。即便他们并不记得昨天是端午节,也不记得试卷上那句要求默写的屈原的诗歌。有什么关系呢?那就让时间继续流逝好了,而流逝的时间总是活着的时间,接下来,一切都是崭新的。

2011年6月7日,考场外

安徽高考"梯子"门（笔记）

某公司车间有一架闲置的梯子，它与2012年的安徽高考有关系吗？

无论如何，这都是风马牛不相及的事情。

而两不相关的事物硬要它们发生关系也可以，那我们就必须胡扯淡。

我估计那些参加高考的学生混混沌沌十几年人生都与某公司车间一架闲置的梯子无关。甚至他们与所有的梯子都无关——不包括教学楼的楼梯，超市的电梯，以及"书是人类进步的阶梯"，等等——甚至有孩子从来都没有见过梯子，使用过梯子。然而这就是"语文"的趣味，也是"语文"的智慧。语文完全可以将两不相关的事物联系起来，而语文考试也是教育的延伸，不怕你没有见过梯子，也不怕你不会使用梯子，现在，你必须思考有关梯子的问题。这梯子已经是一架特别的梯子，是2012年高考所有安徽考生必须思考的物象。由此"材料"你必须延伸自己的叙述，结构文章的层次，发现"梯子"的意义。并且你只能叙述出或者议论出梯子的意义就在语文试卷上，那已经是语言的梯子，语言的意义了。所以这是"一架问题梯子"，权威的梯子，你的人生无法回避，且必须说出它存在的意义。

当然，我也无法回避这梯子问题，因为我是高中语文老师。考学生向来就是考老师。但今年高考期间，我没有回答朋友们对于作文的追问。因为我在某考点做副主考，是我从来没有做过的事情，名头有些"大"，我不适应，很有些紧张。我过去的最高职务是自己所在学校的考务办公室主任，因为近年离开了教务主任岗位,"降职"做考务员也有几年。今年忽然"任命"我到他校做副主考,我也就像某公司车间那架闲置的梯子,一贯横着放在地上,忽然一下子竖起来,有点头晕。当然我若真是梯子,也就忽然有了更重要的意义。但两天之后,我这架竖起来的梯子又会被放下来,横在地面,安全了。我自然就恢复到只是语文老师的吴老师了。

我很喜欢语言的这种趣味和智慧。我是在高考结束后,才在网上看到作文题的——

"阅读下面的材料,根据要求写一篇不少于800字的文章。(60分)

某公司车间角落放置了一架工作使用的梯子。为了防止梯子倒下伤着人,工作人员特意在旁边写了条幅'注意安全'。这事谁也没有放在心上,几年过去了,也没发生梯子倒下伤人的事件。有一次,一位客户来洽谈合作事宜,他留意到条幅并驻足很久,最后建议将条幅改成'不用时请将梯子横放'。

要求选好角度,确定立意,明确文体(诗歌除外),自拟标题;不要脱离材料内容及含意的范围作文;不要套作,不得抄袭,不得透露个人相关信息;书写规范,正确使用标点符号。"

这是一篇"材料"作文。给出了"材料",提出了明确的作文"要求"。没什么可说的,写就是了。"梯子作文"应该是一碟小菜。

我问过一些学生,都说不难,且有的学生还给了我反问句:那有什么难写的?也有学生与我讨论,想求证自己的作文等级。我一般都问他们两个问题,你的梯子"有趣"吗?有"另外的意义"吗?我追问作文的生动和深刻,追问思维的发散。这是作文获得优良等级的关键。没有这两点是无法打动阅卷老师的。

一些孩子关注到那"条幅"告示的语言,"注意安全"改为了"不用时请将梯子横放";一些孩子关注到梯子的"竖放"与"横放"的姿态;一些孩子关注到"工作人员"与"客户"关系立场;一些孩子关注到"用"与"不用"的常态与反常态。不少孩子讨论了"安全",讨论了"责任";而另一些孩子讨论了"习惯",甚至"文化"与"心

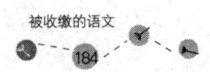

理",甚至引申到全国各行各业,各种各样的"安全"问题,表达了兼济天下的胸怀。有的写成了四平八稳的议论文,有的写成了十分尖锐的杂文,还有的虚构了人物故事,写了小说。这应该都是好的。学生们既已写过,我们也都疲劳,不管它了。

晚饭后坐在学校花台边与同事们闲扯,又扯到那梯子上去了。可见这真是一架"问题梯子"。大家转述了很多网络评论,说安徽的作文题争议最大,多以为最"坑爹",连著名诗人赵丽华女士也都这么以为。我解释说,这作文应该是很有"趣味"的,是一道相当"开放"的作文题,我们自说我们的理就是。无联系的事物被联系了,无经验的事物被经验了,这就是语文的趣味和意义。材料的"门道"在于叙述并没有给出唯一的结论,命题者并没有肯定与否定。这就是"开放"。我喜欢今年作文的"梯子"。正如有调侃者调侃,"这命题老师也干过农民工吗?"我依然不怒,亲切着呢。安徽过去就是一个农业大省,现在也依然是一个农民工输出大省,通过高考把我们安徽的梯子放好,安徽的问题也就解决了的。

"阅读材料"与"写作文"是两种重要的能力,而能力的核心却在于我们有怎样的思维。且这不仅仅考验我们的生活经验、习惯,更考验我们应急的智慧。面对这么一架问题梯子,我们能够说出一些什么呢?

有促狭的同事钻牛角尖,说出了"材料"里的三个问题,一是问,梯子横着放有地方放吗?横着会不会更占地方,不绊脚吗?他老家农村从来没有梯子横着放的习惯,一般是斜着靠墙或斜着挂置于门后。二是问"一位客户来洽谈合作事宜",他跑车间去干什么?去就去了,还管人家梯子的放法,依据是什么?而"几年过去了,也没发生梯子倒下伤人的事件",经验不就证明了梯子站立的常态吗?三是语词"不用时请将梯子横放"绝对不比"注意安全"有包涵。"注意安全"包含了用时与不用时的安全提示,更具有广适性,关照到更多。竖着的梯子有可能倒下,倒下是一种危险,但横着的梯子有危险吗?横着的梯子需要安全提示吗?这个"客户"思维单一,应该被批判。我们不喜欢这样"矫情"的语言或者"人文关怀"。不知道有没有人做"驳论"。应该说,附和的作文才真正是不好的作文,而"挑刺"的,逆向思维的作文才是好作文。也就是说,有辩证思维能力的人,不附和人云亦云的人才是我们高考要发现和选拔的人才。

但不用的梯子是应该横着放,还是竖着放。这真是一个问题。估计最正确的方法不是某种统一或者唯一的方法,要看具体的环境。有时候让它竖着放,有时候让他横着放,有时候斜着挂起来更好。在我们老家乡下,当梯子无事,有时候就被挂在了墙上,有时候则闲置到阁楼上去了。既不绊脚,也无倒下砸着人的忧患。

忽然想起个故事,有人好奇地问美髯公关羽,问他晚上睡觉,胡子是放在被子面上呢,还是收在被子里。这是一个问题,但那是英雄不曾注意的问题。关羽并不能回答,故而晚上格外留意胡子。结果,他的美髯放在哪里都不舒服。结果是夜夜计较,夜夜失眠。言及此,是因为也有人这样关注我的大胡子。

现在,梯子的放法问题既然被我们提出,而到底该怎么放,也会纠结很多人。但不怕,中国人对于梯子向来有大智慧,比如"上屋抽梯",那是兵法。意义深着呢。

此为2012高考"梯子"门,是一个严重的事件。不过想想,我还是觉得有趣。我不纠结这架梯子,只喜欢这个作文。

2012年6月8日

反讽的文字

被收缴的语文——一位语文特级教师的工作札记

学生逃考与"温室效应"（笔记）

与同事一起监考，看她一直为上一堂考试大批学生"逃考"悲摧不已，我就悄悄地告诉她，"这算什么事啊，我个人有个特严重的事。最近，我简直怕死了。"

她很惊讶，"什么事啊？"

我说，我一直担心的是人类的2012，如果真的世界末日了，大家一起呜呼哀哉，那如何是好啊？但这不是我的最怕，同归于尽我虽不情愿，但也很热闹。我恐惧的是万一由美国把持的联合国过太平洋来追究我，怎么办呢？于是同事疑惑，很认真地问我有何罪过得由联合国来追究，难不成犯下了反人类罪……

我告诉她，我最近才弄明白，我真的有罪。原以为担心世界末日了不得了，但最近才明白我更怕的是"温室效应"。要不然48年来我怎么就不骑摩托，也不买汽车呢？虽然我一直是个穷人。但坚信穷人也能够为世界安宁做些贡献，就不加入温室气体超标排放的"高消费"行列。但忽然又心存惭愧，前几天刚刚从高考模拟试卷上读到一则资料，文章称，有专家研究，原来温室效应的罪魁祸首并不是发达国家的工业，不是富人糜烂的消费和权贵们排场的汽车，而是那些漫山遍野放羊的，养牛的农民。科学家研究的成果是，温室效应的"祸首"居然就是奶牛和奶羊屙多了屎，放多了屁。

"嘻嘻！"这是我女同事笑的。她忽然就有些不悲摧了。

看看，我不就是一个喜欢放屁的人吗？或许我如果天天吃牛肉喝羊奶可能不放什么屁，但偏偏是个穷人，只有五谷杂粮吃。这些东西在我的肚子里跟牛羊吃草一样,一会儿工夫就发酵成为沼气了。沼气放出来不就是屁吗?所以现在我很怕,怕潘基文领一大帮子美国人上我们县城大西门来兴师问罪。不过,或许法不责众,吃这些"青草""粗料"的又不是我一个,好像你也是吧。奶牛和奶羊屙屎放屁会激化温室效应,同理类推,人要屙屎放屁不也一样?这些科学家是不是故意针对我们中国呢?因为中国不止13亿人口,占了全世界人口的六分之一五分之一,偏偏又都是不怎么吃肉喝奶的民族,喜欢草食,要一齐屙屎放屁怎么得了啊。

"嘻嘻!"这又是我女同事笑的。考试的铃声响了,要发试卷,我打住话头,我们一起认真监考。

我故意挑出这些"屁话",是因为刚刚结束的上一堂考试就是这位搭档教的英语,开考一会儿,孩子们几乎集体逃考。她劝不下拦不住气得要哭。看看,高三了,高考在即,大规模逃考还不气死人?我倒不是真心要"放屁"或者"不敢放屁",而是觉得也同样气闷,有些憋。但自己憋死事小,却要安慰一下教英语的搭档。她刚刚在企图阻止孩子们逃考时,被严厉地反问——

"二中是个什么学校?我们是些什么学生?老师要考死我们吗?我们是适合训练某某市十所重点高中联考试题的学生吗?太难了!"

看看,看看,逃考还振振有词。

不说屁话,我就一个人检讨。面临高考,我们多么希望孩子们百炼成钢,将省市重点那些对手统统比下去!但可能吗?我们的教学原则大概应该是"教学要有针对性,考试要有适应性"。我们百分之八九十的学生其归宿是考大专,上新高职。而悲剧的是有学生想而不能。眼下训练的考题太难,太难的考试太频繁,学生逃考也就必然。每年这时候他们都会被某种失望和悲观的情绪笼罩。那么,这时候学校何为?老师何为?似乎大家都是应试教育的专家,考考考,四处找信息卷来考。我也就乐意放个屁,增加一点温室气体的排放。当然,我说话并不能改变"气候",但可以疏导一下我所授课班级学生们的心理。所以,所以我一边发试卷,一边对孩子们大放厥词——

别悲观啊,孩子们!我们的高考跟别人的高考略有不同,忘记了吗?北大、清华让那些牛逼的人去考吧。你根本就不是什么牛逼学生哦,当然我们也不是什么牛逼的老师。这样吧,正如往常所言,在去高考之前就先丢掉个"二百五"但不还有五百分吗?好多耶。如果你不乐意,进了考场你再丢掉个"二百五"吧,三百五十分总该争取一下吧。我保证有人求你念大专,念新高职。不要自卑,念了大专新高职,你就跟你农民的老爹老娘不是一个阶层,也不是一个阶级了,在未来的人才市场就不是一个价格的。想想,当你从各色各样的大专新高职毕业,你就去人才招聘市场把自己"卖"了。到时,你将崭新的简历往那些所谓的人力资源部长们桌子上一甩,说,"老子可不是'农民工'。"只要将来不是农民工,为什么不喜气洋洋的?今天考的当然还是某某市十所重点中学联考的试卷,这是适应性训练,高考又不专门给"差生"弄一张试卷让你得好高好高的分数以便照顾你的面子,是吧。语文科我已经阅卷完毕,47个人有36及格耶,其中100分以上的有8个,这些"高分"可不是我故意给的哦?

孩子们被我逗乐了,乱哄哄各自答题,我自然窃喜。

但先前发生的学生逃跑,孩子们情不自禁,这使我反思,我们这样"高难度"、"大密度"反复模拟高考,是不是也同样犯下了反人类罪呢?我不敢说。

我要说,可能就是乱说。联合国不来找我,本地自然有人会找我。我即使反感这样的无效考试,也不敢另行其道。只可同流而合污。能做的,大概就是逗逗气闷的同事,糊弄糊弄孩子们。这虽如放屁,但不至于影响周天气候,因为我可能是一头孤独的食草奶牛。

监考结束,我讷讷地说,我可能真的犯下了反人类罪了。就一句。我的搭档以为我仍然在逗她,抹了一把似有似无的眼泪,"嘻嘻"而乐。我们各自回家度周末去了。

2010年4月17日

不准跺脚（笔记）

冬天很冷，孩子们喜欢在教室里跺脚。这一跺脚就麻烦了，上课吵啊。即使只是自习，教室里像跳踢踏舞一样。热闹是热闹，这书怎么看呢？

"不准跺脚！"我们经常这样说。

我奇怪，孩子们怎么这么怕冷呢？我留心过孩子们的脚，鞋子应该是很暖和的。为什么冷？大概他们青春，他们汗重，我们一节连着一节地上课，我们也不安排课间操，一天坐下来，自然就很冷的。但现在的教室是很暖和的，虽然没有空调，但有钢筋混凝土的墙，有铁皮的门，有玻璃的窗，密封得很好。一屋子几十个人，他们的呼吸，他们的喊叫，彼此温暖着的。我去上课，每次进门的时候总觉得有一股子热浪扑面而来，还有孩子们男女混杂的青春的热气。我进教室，第一件事就是要把眼镜拿下来，不然雾气蒙蒙一片混沌，我一个人也看不见，黑板在哪都不知道。冬天上课，我常常都要半途解衣。我都出汗了，孩子们为什么要跺脚？真这么冷吗？这，就勾起了我的回忆。

我念书的时候，自然也是跺过脚的。但那时候，我们脚上穿什么鞋？穿什么袜？一些同学冬天穿袜子吗？是有人没有袜子穿的。那教室也四壁漏风，屋上漏雨，豁着嘴的窗子上什么也没有的。玻璃？我多大了才看见窗子是玻璃的？当年我也是跺脚的少年啊。

孩子们跺脚，我有时候心情好，就笑。他们就不跺了。前排的学生就问，老师笑什么？我说，我想起我跺脚的日子。我们当年跺脚的日子没有你们现在的日子好。声音也没有你们跺的好听。真的，我们穿母亲亲手做的棉鞋，冬天的鞋底上粘着厚厚的泥巴，黄色的解放鞋也是冰冷冰冷的，可能还有那硬硬的冰冷的黑色橡胶鞋。那泥巴的地面，跺上去声音浑浊而沉闷。没有你们清脆啊。我心情要不好，就皱眉，心中就有怨气。但联想的还是自己跺脚的当年，我们那样赤脚的童年，那棉鞋底明明湿透了还要整天穿在脚上的童年。我们要不跺脚，大家都发抖，像筛糠一样地抖，双手抽搐不能写字，牙齿"嗑、嗑、嗑、嗑"的响。没有见过吧？

关键是我们那时候很怕老师。但现在暖和多了，老师的脾气也温和多了。可能是孩子们呆坐着缺乏运动，所以下课时候我就把孩子们赶出教室。命令他们，跑跑！可能那些男生又是动得太多，一脚的汗，他们个人的卫生我就不管了。要在一楼，你跺跺吧，但在楼上，不可以的。我们不能在人家头顶上模拟冬雷阵阵啊。

但我忽然想起别人的教室，北方的教室似乎现在都有暖气，据说地板都是暖的。那多好。而南方的冬季恰恰是雨雪最多的季节，阴冷而漫长。南方最不美的除了伏天的炎热，就是九天的寒冷了。即使在晴朗的日子，对我们这些苦读的孩子而言，阳光都是窗外的事物，温暖也似乎不是他们的了。最使我感慨的是我曾经参观过江南的一所中学，那里自然气候应该跟我们一样。但我发现他们不仅仅是校园漂亮，而每所房子的墙上都挂着空调。我特意看看，连厕所也是。我们这边冬天上厕所都要有超人的勇气才敢把屁股长时间暴露在寒风里。而他们照样暴露他们的屁股却如春天般温暖。羡慕啊。

人跟人还是不一样的。我经常鼓励孩子们奋斗。比如，冬天里的语文课，我设计这样的导入语，天冷吧？肯定冷。但为了冬天不冷，我们集中注意力，全神贯注地听课，忘掉这个冷！为了未来不冷，我们奋发图强，好好读书。孩子们也都会报以微笑，自然就不跺脚了。提示一下，孩子们控制自己的意志力还是有的。而只要有了高尚的目标,冬天的寒冷也是可以被我们忽略的吧。我说,孩子们别跺脚了。要冷,你就想,冷的一定是吴老师的脚。

2009年1月4日

问春光何物（论述）

2007年高考安徽卷的作文题是《提篮春光看妈妈》。我在考试当日的中午就写了一篇题为《矫情或者诗意，也可能残忍》的随笔，对这个题目不以为然。文章发在网上，论坛里支持我的人很多。当然也有不同意我的诘难而为命题者辩护说好的人。

我是站在教研的立场，以精益求精的态度来看命题者的命题。我当然相信安徽的考生，无论作文题目多么难，都还是可以应付这次高考的。即使再古怪一些的作文题，或者就无题，我们久经考验的考生也能应试，写出作文来，甚至写出我们意料不到的好作文来。只是这样莫名其妙的作文题，大多数考生会写得不太明白，写得不很舒畅。6月8日中央电视台的"朝闻天下"栏目就用了"晦涩"一词来评论这个作文题，"午间新闻"栏目又把这个作文题与另外四个省的作文题归纳为"抽象"。据说6月9日上午的"东方时空"栏目做了一档"高考作文大家谈"，专家认为安徽卷的作文题是"让考生最难发挥的作文题"，是"最容易跑题的作文题"。晦涩和抽象都不是褒义词，这都是一种明确的批评。代表了广泛的社会认识。

我对这个题目之所以持否定态度，是因为它故作"诗意"而确实"矫情"。"提篮"一词在语法上有歧义，既可以是名词，"提篮"为民间的器物；也可以构成动宾短语，且省略了"篮"的数词。这里就有复杂的限制关系，"篮"是先做了"春光"的定语，再与"春光"一起做动词"提"的宾语。"篮"是名词作量词，就如一桶水，一碗酒。但由名词直接在省略了数词的情况下做量词,都有被误读的危险。因为它可能直接成为动词的宾语,而造成语义的含混。这里到底是"提篮"还是"提篮春光"呢,高考作文题表述得如此暧昧则是不应该的。命题者不可能故意含混来考验学生的智慧吧。

"看妈妈"是一件很简单的事。更是一个人日常中随时随地随意的琐事。但在这篇作文里为什么要"看妈妈",同样语义暧昧行为矫情。设想,如果考生天天与妈妈在一起,就不存在如此慎重的"看"了。这里就存在不能掩饰的矫情。母与子的日常相处彼此关怀应该细雨无声,和谐而不着痕迹。为什么要如此人为地显示这么个"看"的痕迹呢? 高考作为国考,着意倡导这种脱离实际的扭捏的虚情,于广大青年是很危险的。也让人不得不想到母与子的"距离"问题。只有当妈妈与孩子不在一起,有了相隔,才必须慎重地专门地去"看"。作文命题如此也是居心不良吧。我们知道,尽管不是所有的考生都能够与自己的母亲朝夕相处,比如学校里的住宿生就只有到周末才能回家看妈妈。而周末回家的考生是专程去看妈妈么? 大概也只是解决住校的生活问题吧,回家拿钱拿物,补给生活,领取"军需"。

这里的"看妈妈"无论如何都是矫情的,除非真的有人不幸,母子阻隔,或者关山万里,比如打工的母亲可能长年远在异地;或者已经阴阳两世,比如死了娘的孤儿。高考作文面对众多考生故意翻开人生"不如意"的这一页,是不是一份诅咒啊。至少很矫情。理性地分析,如此命题也违背了教育学的基本原则,因为在高考中统一写作"看妈妈"的文题,妈妈都能看到吗? 这可能会伤害到一些经历了生活灾难或有心灵隐痛的孩子。这样的命题是不严密的,因为不公正而缺失了基本的人道精神。

这篇作文最难落实的地方在"春光"到底何义,春光所指到底何物? 我在学生书桌上翻到《现代汉语词典》,查出了"春光"词条,释义为"春天的景致"。举例如

"春光明媚","大好春光"。但没有注解"春光"本义之外的引申义或比喻义。包括其他一些词典,是连大众喜欢的娱乐媒体常用的演艺明星们的"春光外泄"之类的惯用语也不收。也就是说,要理解"春光"的引申义或比喻义,需要特定的语境。那么"提篮春光看妈妈",这句话是否给出了特定的语境呢?显然没有。

如何理解春光的比喻义,在这里就要费一番思量了。考生对"春"这个词的情韵意义必须有足够的认识。春光外在的特征是明媚的,美好的,积极的,蓬勃的,引人愉悦的。春光相对于四季里夏秋冬的光,是一种绝对的美好。但春光能用一只提篮装下去吗?显然不能。这里的春光应该只能是无物之物。只能领悟为一种借喻,本体和比喻词皆不出现而直接陈述喻体。那么,像春光一样的东西到底是什么东西呢?仍然是无物之物。我们实在不能指称出具体的物品或者物象。有如春色,春心,春意,都是不能物化不能具象地被装入一只民间的提篮。这大概就是安徽卷作文题被指晦涩和抽象的原因。

那么像春光一样的可以拿着去看妈妈的,就应当是非物质的精神了。可以是一种愉快的心情,比如考生可以向妈妈报告得意的生活,报告成功的喜悦,报告人类的社会的更加盛大的幸福。这里母子两点,两个向度的愉悦必须被关联到一起。那就是看者必有春光一样的精神内在,被看的妈妈得此精神的礼品,也由之产生一种喜悦的精神内在。所以这个作文题要求考生的就是写出具有比喻意义的春光般的精神内在。任何提着的,盛在篮子里的东西,诸如鲜花,水果,精美的食物,难得的用具,昂贵的金钱古玩什么的,都必须体现这种人格上的愉悦的精神内在。

这样分析,作文就很难写了。考生可能写不出,或者在考试的瞬间根本来不及做如此的巧思,不会倾泻出如此流畅的叙述。2007年高考安徽卷的作文题就必定是一个矫情的难题了。除非考生为作文而作文。写作,作为表达内心,展示语言才能的自然情态就不可能有了。考生就只得在被刁难的心态下运用智慧,编造故事,虚假抒情,违心地揭示亲情的和谐,暗寓社会热点和相关政治主题了。

　　再深入一层,在紧张的高考考场之内,焦虑的考生有"春光"的心态吗?在考试之前,学生们有"春光"般的精神内在吗?据我的了解,是不会有的。这些十几岁的学生,毛孩子一个,根本不可能有丰富的阅历,也不会有成年人淡定的平和心态,更不会有如此的闲情逸致。有的只是单纯,贫乏,对未来的焦虑,对过分紧张的学习生活的厌倦,对纷扰的复杂社会的隔膜,对亲人一味望子成龙的严厉态度的抵牾,甚至恼怒和自卑。也就是说,他们满心都是"成长的烦恼"。"春光"就真是一份海市蜃楼般的幻觉了,不可能有温情的理想。要有,也只有少数几个日子过得特别好的孩子才有。而我敢肯定,在魔鬼般的高考考场上这样的孩子不会多。

　　高考要求写这样的作文,对孩子们就是一份残忍了。他们在迷糊懵懂中就只好为作文而违心造事造境,故作"春光"的温情!要是有考生已经没有可"看"的"妈妈",那就更加残酷了。这样的考试对我们满心焦躁的考生未必不是噩梦一样的绞刑!

　　到底春光何物?或者春光何在?我不说了。因为我作为高中语文老师也找不到这样的"春光"。

2007年6月9日

昼寝何妨（笔记）

　　学生喜欢上课睡觉，这屡禁不止。几乎所有的老师都遇到过，都骂过。但就是没有法子禁止。人作为生物，困倦了，打瞌睡就是自然而然的事情。

　　我曾经很深刻地检讨过自己，是我上课有问题吗？是我的教学内容学生不感兴趣吗？是我的教学语言枯燥无味吗？如此，学生瞌睡的原因就是老师没有鲜活的课堂。我往往会想着法子提高自己的教学艺术，除了精心备课，努力调整出良好的教学状态，并为此专门研究相声、小品、评书，甚至哑剧艺术，借鉴那些著名人物的演讲。当然我自己得益匪浅。但学生上课，时不时依然有人趴着瞌睡，一副天塌下来都不管的样子，我就气恼。好在这不是我一个人的课堂如此，好像大家都同样尴尬。我心里也就释然了。

　　但管还是要管的，有时候我会叫醒我的学生，用好言，关心他们晚上要休息好。有时候我会假作愤怒骂醒我的学生，严厉地甚至用恶言提醒学习的意义。但有时候所有的语言都无效，我只是吵醒了他们，遭遇一阵白眼而已。他们立即又歪下头去梦周公了。而检讨我们的学校教育，问题也肯定是有的，不仅仅是有调皮学生半夜里偷着上街通宵泡网吧，过早起床打篮球，也有的半夜里无聊起来打牌赌博什么的。贪玩的孩子时刻都有，但平心而论，玩什么都比呆在教室里学习生动有趣。现在，学习恰恰是最需要毅力的一件事情了。因为我们一节连着一节上课，一堂连着一堂考试，一个老师接着一个老师说知识，强调知识的重要，强调人生的意义,那就不可能不兴味索然了。我们什么时候真正关心过孩子们的"趣味"呢?纸上谈兵的多,而实际操作的少。中学教育实际也就是最没有趣味的事情。学生课堂睡觉,而老师骂骂咧咧,也就不可避免。

有一次,我忽然想起了孔夫子。他是我们的祖师爷,是最伟大的教育家。而他那时候也不搞什么义务教育,也没有应试不应试的问题。似乎学习是很自觉的事情,且学生都是些成年人吧。但《论语》里面明明记载了"宰予昼寝"事件,也记载了孔丘老师的骂。那可是不折不扣的"恶言"啊。孔夫子说,"朽木不可雕也,粪土之墙不可污也!"

这是比喻修辞,但比喻的本体就是那个昼寝的宰予同学。我则担心宰予同学是不是受得了这份骂,担心这样的教学记录是不是影响孔丘的圣人形象。就是今天,我也不敢再使用同样的语言来评价我的学生了。那可能要付出一些代价,学生对付老师的办法永远比老师对付学生的办法多。孔夫子说"朽木不可雕也,粪土之墙不可污也"的时候是不是动了怒气,他老人家的嘴巴是不是歪了的,我不知道。但我由此想,孔夫子上课也不过如此,作为贤人的宰予读书也不过如此。那我们就不必过于自责。上课打个瞌睡应该是很正常的事情。

我曾经还把上课故意"瞌睡一会儿"作为学习方法推广,提出疲劳之时"小睡三分钟",以积极的心态来解决学习疲劳问题。当然这是对高三临考日夜拼命的学生说的。所谓教无定法,只要有学习效果就行,何必正襟危坐呢?我经常用不同的方法来解决学生上课瞌睡的问题,一般都是用好言,只要能够驱赶孩子们的睡意,"歪招"也用,比如与其对话,说一些逗笑的事情,在哄堂大笑之后学生一般是不睡的。

比如我曾经轻轻地很神秘地叫醒一个瞌睡生。我说,你有钱吗?他很惊讶,老师要钱干什么?我说,有吗?他说,有的,不多,只有 80 元。我说,都给我可以吗?学生真的给了我钱。然后,我很神秘地说明了要钱干什么。我的理由,课堂

是学习的地方，而课桌呢？是学习用具，教室又不是旅馆，课桌又不是床。你拿课桌当床用，校长交代了要另外收费，合理吗？他说，好像合理，那就合理吧。全班学生都跟着起哄。当然我不会真的要学生的钱，只是做个故事，编个情景剧驱赶孩子们的睡意而已。我上课古里古怪的事情多，孩子们见怪不怪。

但最近读到一个类似的故事，却吓着我了。也是一个课堂瞌睡事件，老师管学生，学生站起来义正词严地反抗，"老师，我缴了学费耶。这个位子，这张课桌就是我的了，我有随意使用的权利，你管我是学习还是瞌睡，我有我的自由！"

学生有学生的逻辑，在理，好像十分地在理。那就在理吧。只是我很庆幸，我的学生不这样忤逆我。要不然，下不来台的则一定是我。

2009年2月9日

反讽的文字(笔记)

偶然的"阅读"使我快乐,可那并不是任何经典,是一则学生张贴的"意见书"。

我说是"意见书"。因为我一直拒绝那些标语、大字报、小字报、传单、广告、倡议书、呼吁书、表扬信、"牛皮癣"、"非法出版物"之类的名称。它们在不同的时期曾经伤害过我的心灵。

我去上班的时候,在办公楼宽敞的门厅前那宏伟的不锈钢门柱上,看见了一张新贴的"纸条"。它明显是新的,纸色很白,纸型完整,规格A4,手写的字体张扬而流畅,明显区别于先前已有的长年累月的陈旧、昏黄、凌乱——那不锈钢门柱的中间部位已经没有不锈钢应该有的明亮和洁净了,那里贴满了不同时期的纸张,或者不如说是剩下了不同时期的"糨糊的斑驳"。我留意的是上面的文字——

二中是我家,环保靠大家

我们应该弘扬中华民族勤俭节约的优良传统,向新食堂兼校内超市人员学习!

一次性杯子用脏了不要紧,洗一洗又能给同学们用,以实现资源的循环再利用!

我一看就乐了。我跟别人不同,我的笑点很低。别人看到这样的文字可能要恶心。这是正常的心理反应。因为文字形象的暗示力量,使我们"阅读"到此都有仿佛亲自使用被重复使用了的"一次性杯子"的恶心。甚至会体温上升,你就在"阅读"的一瞬之间被传染了甲肝、乙肝、丙肝、戊肝、咽炎、肺炎、肺结核、口腔溃疡、牙龈炎、胃炎、肠炎、艾滋病……也可能气愤,能有这样的事情吗?眼下,从墨西哥爆发而来的猪流感,或者叫甲型流感,或者叫H1N1……我们正怕得要命。那一年SARS的死亡阴影还没有走出我们的记忆。

我一看就乐则与这些"传染病"无关。我也不恶心,因为我心理素质好,早锻炼出来了,在中国还没有一次性筷子、杯子、碗碟、桌布、包装袋等的时候,我们都是反复地使用某些餐具,至今我家里也依然反复使用。除非来了不明健康者就餐,否则"84消毒液"都可以不用。甚至我几乎就是"一次性"事物的反对者。我们这里有一家工厂就生产一次性筷子,表面看多出了一家工厂,有税收了,解决农民就业了,修公路了,村子里竹子可以换钱了,农民富一点了,但消耗了资源。这些筷子,也就是我们漫山遍野的竹子都漂洋过海去了日本。为什么非得"一次性"?难道就没有其他的卫生就餐方式?

我也不会因此而紧张。因为我从来不去学校新食堂吃饭、喝饮料。不像有的学校有集体福利,可以常年享受免费的午餐。我从来都不曾获得这样福利的免费的午餐。杯子再怎么脏都与我无关。

当然我的乐不是幸灾乐祸的乐。我还是有为人最起码的道德良知。我乐的不是这则文字所陈述的事件,所反映的问题。假如此言不虚,那肯定也是一个值得注意的事件,也是一个必须关注的问题。既然这些杯子被指名为一次性杯子,那就只能使用一次了。反复使用是不是会有毒?我不是很注意这样的事件,很关注这样的问题,因为我在这个学校的身份决定了我对问题的趣味,我是教务主任,是语文老师。我不关心卫生,只关心学生的学习和语言。

无疑,我喜欢这则"意见书",或者叫"表扬信"、"小字报"。我喜欢的是文字。多好的标题,它凝练,对称,表达了一个学生对自己学校的亲切之情,"我家"有一种不言而喻的归属感。"大家"则是一种号召,有强烈的集体意识,"靠"字则是无尽的信赖。"环保"是我们这个时代最高的政治命题,民生命题。

第二句话是不是相当于新闻的副题?它补述了事由,阐释了意义。这则"倡议书"因此有了主题高度,思想性也被凸显出来,那是"弘扬中华民族勤俭节约的优良传统",这切合时下的政治话语,我们正在倡导"节约型经济",正在建设"节约型社会"。它也指明了此次倡议的"学习"对象,"新食堂兼校内超市人员"。其表述让我对这则文字的意图有了明晰的了解。唯一的缺憾就是"人员"表意不明确,到底是打工者还是老板,这可以产生歧义。

而正文表述也简洁,"一次性杯子用脏了不要紧,洗一洗又能给同学们用,以实现资源的循环再利用!"既是陈述事件,也是陈述对事件的建议;既是交代写作这则倡议书的目的,也陈述了副题所指"学习"的具体内容。重要的是"循环经济"一词使用大妙,比正题使用的"环保"还要时髦,这是一个"热词",是我们应试高考无论如何都绕不过去的热词。

文章看到这里,我除了一乐,几乎不可能有其他的反应,连恶心都没有了。因为即使"一次性杯子用脏了",因有了"洗一洗"就不怎么恶心了。我也就放下心来。孩子们过的日子不至像大街上的"黑孬子"流浪汉完全不知卫生。这里不是不卫生,是很讲究卫生的。

但这里似乎使用了"反讽"修辞,我装作没有看出来。我的学生把"气话"当好话说了,把负面意见当正面表扬出来了。不发现反讽正是反讽的成功。我阅读出了美感。重要的是洗过的一次性杯子是"给"同学们用,没有收费。这就好。

我乐的原因是激赏这样的文字。估计是高三学生的手笔,他们快上高考考场了,有这样的文字能力,语文考试不可能低于120分的。要是高二甚至高一的学生能写出这样的文字,那简直就是天才了。这明显是受过规范文体及规范语言表达训练的结果。孩子们是好样的,老师教学也是好样的。要是拿这则文字去任何一家报社应聘记者、编辑,足矣乎哉!

因此我乐。我的乐是一个中学教务主任的乐,是一个语文老师的乐。我乐的结果是回办公室拿纸笔来抄下,留作范文以备教学"语言表达"时举例。

后来遇见业务副校长,见我喜形于色,问我为什么,我就说出了理由并带他奇文共欣赏。他也乐。但副校长就是副校长,有另外的政治敏锐,立即把这张"牛皮癣"撕了去。晚上我遇见校长,又问。校长说,过问了,没有此事!我就格外安心,我的学生既无饮食卫生之忧,又有如此作文之妙。且他们张贴的居然是"纯属虚构"!我更乐。

2009 年 5 月 23 日

感谢书商（笔记）

我上楼梯的时候，刚抬头，就看见了常来常往的书商。我朝他点头。书商一惊，大约不记得我是谁了。但随即就热情起来，我们握手，问候，啊哈哈地老半天。

我认得书商是因为过去我们有过很频繁的来往。书商过去就是书商，我是这个学校的教务主任。有一段时间，我们学校买他的资料，书商必须与我联系，所以认得。过去书商还时不时马屁我几句好听的话呢，因为我喜欢挑这些资料的毛病。比如供货不及时，比如印刷质量不好，比如信息陈旧，比如堆砌题目，甚至威胁说资料有错别字有病句，简直误人子弟，如果我的学生考不起大学要找他赔。当然是说说而已，我们彼此都无奈。书商只是个卖书的，他无法保证这些书没有毛病。一个推销资料的，风里来雨里去也就谋口饭吃。

但现在我不管这些事情了，所以书商渐渐不认识我。至少，他不需要认识我。所以我们见面如果不是"狭路相逢"，就没有必要打招呼了，他直接找新的业务主管就行。如果还要客气，就给现在的门卫一根烟最好，我们这里现在改由门卫收货，然后由门卫用一块小黑板布告领书告示，高一高二高三特别是高三各个班就频繁找门卫领资料。我这个教务主任过去做的事情也跟现在的门卫差不多。所不同的是，现在的门卫是个临时工。再不同的是，门卫不可能挑书商的毛病。

当然也有的书商很客气，毕竟是卖书，好像也沾一点儒雅，来学校结账的时候，还请我们吃顿饭。人员除了校长教务主任资料员，还包括备课组长，过去我们这些人都对资料有发言权。且因为资料这东西可多可少，可张三，也可李四。"人脉"还是要的。但现在书商好像有另外的办法，也就无需如此了。他们甚至完全可以不认识我这个教务主任。过去有个小书商很地道，每年都送我们老师一些日历，摆在办公桌上很精致，很有氛围。他跟大家也都朋友似的。其实那就是个广告牌。现在好像还在送，但今年我没有，大概我那天正好不在。因为我不再直接与他"交道"，也就没有必要特地留一本了。

在楼梯上，书商陡然很客气，使我受宠若惊。他走之后，我就后悔不该打这个招呼，弄得他一惊一乍地仿佛受了惊吓很不好意思，好像现在卖书不需要跟我打交道就不再理我，很势利似的。其实书商做他的生意，势利一点也应该，我跟他的生意既然没有关系，就没有必要点这个头，打这个招呼了。客气什么呢？真是自作多情。

不过我想，我们还真的要感谢这些书商。因为有了这些书商，我们办学上课多方便啊。我们只要坐在家里，早早就有人扛着一捆一捆的资料来找，只要指点一下，这个要，那个不要就可以了。然后他们就按时送货上门。什么教辅资料，一轮复习，二轮复习，月考试卷，专项训练，高考前夕还有各种各样的模拟试题，信息试卷，等等，要什么有什么。其实这些资料价钱也很低，只要你乐意谈价，可以低到极限。当然，你要不乐意压价，书商更喜欢。跑生意也不容易，是吧？

上课的老师也乐意有这些特别勤快的书商。现在上课几乎不需要大家动脑子了，各种教辅资料给你编得好好的。上课拿着资料去念就可以了。试卷答案也做得好好的，对照一下，一二三四，子丑寅卯，给学生分就是了。老师才不管学校花多少钱，只要自己不麻烦就好。我们经常自嘲，现在办学真方便，上课也轻松。一切教研、备课什么的，几乎不需要自己操心。当然也有人牢骚，说是资料是别人那么早早就编定的，不一定适合"这些"学生。比如高三的一轮资料，上一年的考纲还没有发布就编好了，上一年的高考还没有开考，才四月份呢，就已经送货上门了,就已经由分管领导直接安排,由门卫具体落实,由班主任亲自发到学生书桌上了。

教育固然是个性的教育,但如果坚持那样认为也肯定就是庸人自扰。因为在中国,高考就是高考,还有不同的高考吗?所以我们尽可放心使用书商的东西。谁是专家?谁可以甄别?

我只是感谢这些书商,当然还要感谢书商背后我看不见的那些"专家",是谁这么麻利早早就编好了这些五花八门的资料呢?不容易啊。我们花这些钱难道还冤枉了吗?人家付出了辛苦,即使是天下文章一大抄,剪刀加糨糊,人云亦云。这有什么?我们不也年复一年用得好好的吗?

当然也要感谢学校舍得花这个钱。要不,真要我们自己做教研,自己编资料,自己备课,自己做答案。或许有益于教学,自己也能够在业务上长进。但个人的代价就太大了。虽然这些书商现在懒得招呼我,我还是要写这篇文章,权作感谢信,真诚地。别以为我喜欢说反语,明褒实贬。我之所言,只是陈述教育现状,无关乎褒贬。

2009 年 2 月 27 日

下阅览室（笔记）

上班如果有空，我会下阅览室去看报纸。顺便问问管理员有没有我的信件，有没有我自己订的杂志来。我们单位的阅览室管理员兼任了学校的收发，他是大家的信使。

但下阅览室我很不习惯，因为我习惯上阅览室。我们学校的阅览室在办公楼一楼，我的教务处在办公楼三楼。要下，才能到学校阅览室。

我过去读大学也是每天"上"阅览室的。似乎一些大学的图书馆都在风景优美的山坡上，那里阳光充足，窗明几净。去阅览室是一件重要的事，也是一件极富美感的事，很多书我们是在阅览室读完的。那些报纸杂志，琳琅满目，我在阅览室里手不释卷，多是管理员赶我们走才离开。我怀念那些"上"阅览室的日子。

我现在很少读报纸了，一来可以回到自己的家里在客厅里看电视，在书房里上网。偶尔也在我们办公室里读《安庆日报》，因为我的教务处就只这一份地方党报，尽管我是宿松县的"民主人士"，每天读党报，这也是必需的。另外有一份《江淮时报》，是宿松政协赠阅的，偶尔也翻翻。偶尔我也会流窜到校长、书记办公室读《人民日报》、《安徽日报》、《安庆晚报》、《新安晚报》、《新华文摘》、《教育文摘》、《文摘周刊》等等，这些报纸他们一人一份，他们平时工作忙看不过来。我就翻翻，那上面要有文友的随笔，也就"顺带不为偷"地带回去仔细研读一番。

但学校阅览室的报纸还要多几份，我会去那里看看《人民日报》、《参考消息》、

《中国教育报》之类。但要去的不是时候,就没有我的报纸了。我们学校有一百几十个老师,阅览室有时很挤。杂志不会放在这里,学校也没有可供大家翻阅的杂志。我们有特殊的政策,每年行政许可每人订一份专业杂志,谁订谁得,几十元钱定额报销。要互相交流那就另外互相联系吧。不过,好像也没什么人交流。

有天我正下阅览室,忽然手机就响了,有个外单位的同行来找我有事。但我正好一篇文章没看完,就说,我在阅览室,你来阅览室找我吧。他问阅览室在哪?我说,在一楼。过会儿我手机又响了,外单位的同行很不高兴,喊叫起来,一楼哪有阅览室?你到底在哪里呢?我说,我还在阅览室!但忽然想起来了,学校的阅览室没有挂招牌,这人肯定找不到我们阅览室的。因为这人是"外人",不是我们"自家人"。

我连忙说,你在哪?我来接你!这时我就听见他说话了,听见他脚步声了。他正在上楼梯,我跑出来喊,"在这里呐。"来客回眸,我们相见,他就惊讶起来,"原来你们学校的阅览室是楼梯间啊!"

我们学校的阅览室就是办公楼一楼的东楼梯间。西楼梯间不是阅览室,那里堆放了清洁工的扫把、手推车等杂物工具。学校招生形势连年大好,就剩这块地方多余,可以做报纸阅览室了。可想而知,我肯定遭了人家的嘲讽。我当然一脸苦笑,就此满脸通红地陪人办事。我自己有没有满怀歉意留人吃饭,事后不记得了。

好像许多中学都没有什么像样的阅览室,学生也从来不上什么阅览室。也有的学校倒是有很漂亮的图书楼,但那是学生去的地方吗?似乎是应付上级检查,应付同行参观的地方吧。而老师手上有一本教参,有几套考试卷,就能够确保学生上大学的。写这样的文章不是发牢骚,而是我们的办学条件就是这样,还有待改善。我们的教育也有待发展。

我坦白,学校是老师教书的地方,更是学生读书的地方。但老师读不读书,学生有什么书读,这是应该反思的问题。我曾经也真的牢骚过,现在的一些学校恰恰正是"最没有文化的地方"。

  这有谁愿意反思呢?我的反思肯定是没有用的。我说话不算数,也没有权力拨款,更没有多余的钱捐献或者投资。因而我倒是很羡慕湖北的黄梅一中,不记得是哪一年去参观,他们介绍说,学校有三个大型阅览室,高一、高二、高三每周每班有两节连堂的阅读课,语文老师领着孩子们三年下来读不同的课外书刊。或许我们会担心他们的高考,然而谁有理由有胆量指责黄梅一中的高考?那些进了北大清华的毕业生肯定不答应的。

  我不敢,只能万分羞愧!我好多年没有外出参观学习了,也不知黄梅一中是不是还保持了让学生"上阅览室"的优良传统,有些羡慕地挂念。

2009 年 1 月 3 日

教书与"行骗"（演讲）

我是老师。但老师都不是天生的老师，职业而已。我觉得就跟做骗子差不多。当然，老师首先得为国为民族为人的发展而立业，不可"恶意"讹人钱财。这是做老师的道德起点，其才仅为谋饭。二者的道德高下有明显区分。不过，最近我在关心骗子敬业程度的强弱之外特别在意其糊弄技巧的高下，无他，每一个技艺高超的骗子都值得做老师的人学习。这也正如韩愈老师所言，"道之所存，师之所存"也。

我肯定是讨厌"强盗"的，见而必殴，必与决之死战。但我并不讨厌"骗子"，因为大凡骗子都极聪明，有些伎俩。似乎我们年轻时，所有的姑娘都用这样的口头禅指责男友，"你这个骗子"。但我们知道，她们是快乐的。然而，我们这些做老师的人为什么不向"骗子"学习，而要硬逼孩子们读书呢？苦逼则无效，何妨"骗子"一回？

做个骗子吧，既不骗财，也不骗色，就骗孩子们学习，务必要让孩子们舒服。其实，古代的教育者深谙其道，那则著名的诈骗广告还在，人人得以背诵，"书中自有黄金屋，书中自有千钟粟，书中自有颜如玉。"信之者意淫其中，哪有不沉湎的。这真是高明。

我以为做老师不能缺少了"行骗"的伎俩。换一个词说，那是教育的艺术。一说到"艺术"往往唬人。其实那就用一点智慧再用一点情商而已。直白一些，你不能像"强盗"一样强迫孩子们读书学习。俗话说,强摁牛头不喝水。何况本来青春叛逆的少男少女。

回想一下,我这个老师也是很多老师教出来的,或者说是被他们"哄着"读了一些书才有了今天。所以我教书的时候,虽然很有一些自己的个性,这一点我毫不掩饰,但更有当年我自己许多老师重重叠叠的影子。我时不时会在现在的讲台上复活他们当年的手势、语气、脾气,甚至复活他们糊弄孩子发奋学习的"狡谲",毕竟书还是要孩子们自己去读。而老师何为,启发而已,鼓劲而已。我们天天不都是在设法糊弄一只只"小猫"上到树上去吗?小猫为什么上树,老师说,树上有一只只"神秘的小鸟"耶。

这于彼此都有大欢乐。

对我们这些高中老师而言,"骗子"的骗就是糊弄孩子们上到"高考之树"上去。这其实正是我们做老师的乐趣。也仅此这一点乐趣。

然而,骗子的骗术也不是没有枯竭的时候,我很多时候就犯迷惑,觉得自己已经十分虚空了,包括智慧,情感,灵魂。教书也不是可以随便教的,不负责任的老师就是"老尸",是行尸走肉。

虽说这就是一卖嘴皮子的事情,但并不像开商店的老板卖东西,可以另有工厂,另外运输,他只管卖就是了。有时候缺货就叫顾客下次再来,或者另找他家。卖不掉的东西也可以减价或者退回厂家;而捡便宜的人总是有的,因为有人天生就贪小利,有人不得已天生就是个穷人或者落魄成为穷人。也不像地摊上买青菜的小贩,菜是菜农种的菜,收了来坐地抬价,卖完回家。爱吃不吃就不是小商贩的责任。腐鱼臭肉烂菜叶子陈谷子烂芝麻都有人要,理由同上。

做老师"卖嘴皮子"并不简单。你必须在卖嘴皮子的同时添加一些自己的"私货"。而那些"私货"又必有自己的智慧,情感,还有灵魂。这个"私货"只能是我们自己的,别人的东西你加不进去。加进去了要么如酒精兑水的假酒,要么就是"文贼"行剽窃之事。

我以为教师的每一节课,都被事实赋予了"版权"。它们必然是独特的,否则必不是成功的课堂。一个"骗子"可以启发另一个"骗子",但亦步亦趋肯定要"失手"。

而在人类知晓"教育"之后,教师的情感还没有成功的转基因技术。当然,现在也确实有老师时不时在行剽窃之事,包括被媒体曝光的几个著名的大学教授和几所著名大学的个别领导,他们写不了论文而非得发表论文。和我一样,自己学问虚空了。但"剽窃",希图用一张张稿纸包住熊熊的火焰,希图掩耳而盗铃,难矣哉。文章也有如教书,我们的语言一旦没有了自己个性的智慧,情感,就没有了灵魂。这就只能是被表扬的魔术而不是艺术。我始终认为魔术就是骗术,一旦被揭了底,就丑。

所以老师的言语,请务必添加一些自己的东西,尤其是教语文的老师,解读别人的文章,进入别人的心灵,我们必须心心相印。否则,就"隔"。然而我们自己又有什么东西可以无隔地融入他者呢?这当然也是个问题。有一些人其所有的只是或胖或瘦的肉体,而没有其余。据说有人站了一辈子讲台,就是从来没有讲过一句"自己的话"。因为他们没有自己的话。当晚年收捡自己的行囊,除了已经被更新被淘汰的教材,陈旧了的被学校盖了章"查"了几次的备课笔记,就再也没有自己的"私货"了。

我们的一生,如一日三餐的"饭"被我们不知不觉消化掉了,稍稍珍贵一些的"钱财"也被我们花销了。那自己的东西呢?是不是有人从来就不曾有过自己的东西?

有人有自己的东西,但后来失去了,那是给了自己的学生。俗话说,水往下流。老师就是上游的水库,而岁月既久,也会干枯。这不是悲哀,而是道义。我们承传了岁月之外的知识和技能,甚至承传了特定的人格和脾气。但做老师既久,我也就觉得自己很虚空,很枯竭。这时候,我就会想到我自己的老师。可是我的老师有的已经过世,有的老师也老得不成样子了。过去那么喜欢我,而现在都迟迟认不出我了,目光空茫,似乎很"迂"。在这个世界上,已经看不见我老师当年的风采了。

忽然心生悲凉,我在什么时候也这样老得近乎"迂"呢,什么时候也这样老得连自己都没有了呢?这些都不是我真正恐惧的。我恐惧的是我现在就常常在教室里身体疲劳,内心虚空,情态空茫。我的智慧似乎没有了,情感也似乎没有了,脆弱的灵魂正游离在我的体外无方无向地乱飞,企图离我远去。这时候,我就想改变一下自己,就像给掉电的手机充电,给熄火的汽车加油,给泄气的车胎打气。无论如何都要给自己的虚空填塞一些东西了。但不是给酒囊饭袋加入一些很容易就发酵了的食物,也不是给木头的金属的书柜填一些未读的新书。我要的是有着自己体温的智慧,情感和灵魂。

但这些有可以买的吗?有可以借的吗?有可以偷的吗?有可以抢劫的吗?似乎这些方法都不妥当。那我就只能自己更生了,像一只衰老了的凤凰,把自己投到熊熊的烈火里去,然后新生。我教了二十七年书,离六十岁退休还有十二年整。后来的岁月如何教书已经是我的困惑了。眼下,还有四十天这一届高三又毕业了。我想此后我会重新开始。

怎么开始?我会重新寻找我的"老师",从他们的身体里心灵中重新获得智慧,情感,灵魂。真正的老师有赋予学生灵魂的义务。而我过去的老师赋予了我,我又赋予了他人。现在我又虚空了,我再去找我另外的老师。一切都在"待续"之中。

请以未来的岁月为鉴。请以我课堂的言语为鉴,请以我的文字为鉴。一切都将填充我的心灵,我沧桑的生命。教书以为业也,"行骗"以为技。我这样执于"骗"自己的学生,又是什么在"诈骗"着我呢?

2010年4月21日,大雨中

请大家不要讲话（叙事）

讲话的人说，"请大家，不要讲话……"

主席台上，三个轮流讲话的人不止三次地都这么说，"请大家，不要讲话……"而这，恰恰是我今天听到的最开心的话。我觉得它很有趣。因为经常听到这样的警告，只要开会，就一定有领导强调。

我经常被通知去开一些会，大的会，小的会。真是可惜，我过去怎么就没有注意到它的趣味呢？真是弱智。但今天终于注意到了"不要讲话"的趣味。

琢磨一下，一个讲话的人说，"请大家，不要讲话……"能不会心一笑吗？我觉得忽然变聪明一点了。但我偷着乐的时候又担心会不会有那么一个人会忽然站起来"讲话"——他也像领导一样讲话——"你讲话讲得，我就讲不得？"不知道这是不是来自西洋的民主、公正与自由。中国的阿Q就曾经对漂亮的小尼姑说过，和尚摸得，我就摸不得？这是阿Q的逻辑，所以他也公平公开地摸了一把小尼姑的漂亮光头。阿Q得手之后，嘿嘿地笑。小尼姑不能反驳，吃了大亏，就只好骂，"断子绝孙的阿Q"。当然骂人也没有修养。

但会议需要秩序。这个秩序就是分清楚台上与台下，讲话与被讲话，所以会议伊始，主持人都会说，"请大家安静下来……"这时候我们就知道领导要讲话了，我们要"被讲话"了。但往往主持人一时半会压不住台，会议主持人并不是央视大腕儿，不是台上的老大，弄老半天，领导也只能在吵嚷声里开始教育大家。好像西方人"机器文明"程度高一些,似乎主席台上总有一把"权力的锤子",秩序不好就敲。咚,咚,咚,效果奇好。但中国好像只有两个地方有这把权力的小锤子,一在法官手里,二在拍卖行,好像也都是从西方学来的。我忽然想到万恶的旧社会,那些老爷,哪怕七品,他也有一只惊堂木,一敲,草民们立即就跪下去了。哪敢说话?见效。那时候可没有麦克风!

秩序因为分工而来,领导的任务是讲话,群众的任务是"被讲话"。或者说领导的权利是讲话,群众的职责是"不要讲话"。会议是领导召集的啊,不是谁都可以把几个人,几十几百个人,几千几万个人弄来听自己讲话的。这需要理由,需要权威。但问题是我们曾经不该过分反对孔孟之道,搞得老百姓都忘记"治人"与"治于人"应该有区别。有时候主席台上的讲话代表政府,会场庄严,底下黑压压却目无尊长,一点"君君臣臣"的秩序都没有。

我发现的趣味不是这些。趣味来自讲话的人在嚷嚷声里没办法讲话,也没有好好讲话的心情,很没得面子。底下吵,说明那些被讲话的人没有好好听,这消解了领导讲话的意义。不好好听讲可能要耽误大事情。在会场上,群众讲话都是胡讲,张家长李家短鸡毛蒜皮甚至插科打诨胡乱调情有伤风化,也藐视了讲话者的领导资格,消解了他台上的与群众面对面的威望和尊严。这些群众真是愚民,逼得领导只好讲,"请大家,不要讲话!"然后,领导都要紧接着讲发脾气的话了。领导一发脾气,会场就安静了。我觉得领导发脾气才是最有权威的讲话。这不是趣味的全部,有趣的还有这句话本身,是一个正在讲话的人说,"请大家,不要讲话……"这里的"不要"是被插入的。因为领导一直在讲话,忽然掺入一段"脾气","骂人",大发宏论阐述"大家"不可以讲话。

这本身就是语言悖谬,不是不讲话的人说请讲话的人不要讲话,而是正在讲话的人说请大家不要讲话。而黑压压一大片的人绝大多数是没有讲话的。"大家"并没有都讲话,领导却因为一小撮人讲话而对大家说"请大家,不要讲话……""大家"

的称呼看来极不准确,大家之中绝大部分因此挨骂这很冤枉。当然大家也不包括台上正在讲话的人,他讲大家不要讲话的时候"大家"并不包括他自己。悖谬。

今天开会台上不少人,台下则人山人海,"高考动员大会"是一个十分重要的会议。重要的会议,台上坐的肯定是重要的领导,台下肯定是重要的听众。这个会应该好好开。至少我发现台上坐着的不都是要讲话的领导,前面一排,中间几个是要讲话的,最中间那个要作重要讲话,但后面几排却是陪坐。这么多人陪坐,台上济济一堂,台上的领导重要,会议自然就重要。当然能够上台陪坐的领导也是很重要的领导。陪坐是要有一定级别的。不过我发现台上陪坐的,也有互相讲话好像紧急商讨重要事件的,有时候还有很得意的无声的笑。不过我猜,那不一定与会议有关,因为没有其他人笑,也即没有共同的笑点。

我坐在台下,在黑压压的中间。那主要的领导就在主持的领导主持下,讲话。一个讲完了,另一个接着讲话。我们在台下听讲话,听完一个人讲,再听另一个人讲。最后由最重要的人讲最重要的话,我们这些最不重要的人,在最重要的最后也听到了最重要的讲话。会议嘛,中国嘛,会议秩序总是不好,所以主持人以及讲话的领导分别都说了,"请大家,不要讲话……"并且都要紧跟着做深入的全面的证据充分的阐发,申述"大家不要讲话""不能讲话"的理由。这个理由概括起来也简明,就是如果"大家"讲话,"大家"就是没有修养的人。话都说到这个份上,台上的讲话者就真的动气了,他们面对一群没有修养的人开会,又不是发福利救济,他们自己的事业就不上档次了。今天的人生就没有质量了。这些群众,真是愚民,"唯难养也"。

可今天坐台下的都是些中小学教师,我又觉得"有趣",教师不是天天训斥学生吗?今天终于也给领导训斥了几顿,有趣,有趣。一报还一报。该,该,活该。但领导对普通教师这伙人发脾气不值得,台下这些老师有职业病。他不仅爱讲话,怀里还揣着讲话的资格证,有讲话的职称,是考来的,评来的,那些证还就是政府颁发的。我忽发奇想,下次招聘教师就用开会的方式招聘,谁最喜欢说话就录用谁,谁最能说话就优先安排到示范高中去。反之,谁能够安安静静坐在那里不言不语,就录用他们去做公务员好了,公务员会多,如果做"默嘴",会场纪律肯定好。

  我今天根本不能苟同台上领导申述的台下教师不该讲话的理由,领导多次使用类比反证,"大家都是做老师的,如果你上课学生讲话……"好像我们教师上课都一言堂似的,学生都是老师的专政对象似的。其实不然,老师上课学生要一片静默,那可要命了。老师讲课下面是一堵墙,一堆木头,一群哑巴,我们非活活气死不可。如果是考评课,示范课,公开课,有看客和观众,这个人肯定就此"完蛋"。好像我们的政府与教育专家总是鼓励生动的课堂,鼓励发言,甚至鼓励抢着发言。今天这些喜欢讲话的能讲话的老师一旦"被讲话",就做起了不"合格"听众,叽叽喳喳没有了修养。

  今天虽被骂,但我不生气,只是觉得"有趣"。我出身乡村,童年村子里经常开会,那是人民公社时期,似乎晚上都要开一个会,有时候记工分,有时候斗私批修批林批孔强调阶级斗争一抓就灵什么的,但那些七大姑八大姨的妇女都带小孩去,有时候还不止一个,大孩子打闹小孩子哭吵妇女同志们也都要讲话讲小话胡讲一气张家长李家短鸡毛蒜皮甚至插科打诨胡乱调情有伤风化貌视讲话者消解主持者的威望和尊严……但没有人敢对她们吼一句,都一个村子里的,谁跟谁啊,一个小媳妇可能就是前边那老男人奶奶辈的。你吼,你敢?这就是中国民众台上开大会台下一定开小会的文化背景。

  我老记得某小学的黎校长,曾经好几年我都去他们学校参加高考监考,他开会底下也吵得密密麻麻。但他不骂,因为小学女教师多,一个男校长肯定骂不过,有些老太太跟他一样年纪,怕了你?但他有绝招,喉咙那里,挂着一把哨子,你吵,他就忽然一吹,吓你一跳,会场就静下来了。过一会肯定又是吵声四起,他又忽然一吹,吓你一跳。特逗。

那是上世纪八十年代的事情,现在此方法肯定不合适。这适合小学校长吹他的女老师,但不适合局长县长吹全县的教师。我想,要想不让这些叽里哇啦的老师在台下开小会,方法是有的,一是多发钞票让他们眼光发红发绿忘记说话,二是改革我们的麦克风,用某种特殊的音频控制他们。这就是声波武器。我探听得军队里有,赶紧军转民用吧。

但今天我没有讲话,我不在主席台上,我过去也坐过主席台做过讲座。我的台下吵不吵我不记得了,因为机会太少。我要在台下,一般都很乖,不曾讲小话讲废话讲流氓话。不过我过去也可能是讲过的,不敢打赌没有。但今天我去晚了,坐到了前边第二排,在主席台前,众目睽睽之下也不方便讲。故此,我回得家来赶紧"书面"瞎讲一气。这并不影响开会。

附录 我记得的鼎鼎有名的"讲话"有三篇,一是恩格斯《在马克思墓前的讲话》,这是讲话的经典,是悼词,要肃穆,也是我文章的楷模,崇拜之;二是毛泽东《在延安文艺座谈会上的讲话》,那是我们国家文学的标准,我作为语文教师、业余作者好像是一定要践行之的;三是马丁·路德·金的《我有一个梦想》,内容我不说了,但讲话的现场我就很不敢恭维,因为准备教学,我听过原声,那里面人山人海吵得要死。英文我当然听不太懂,好像也没有什么"请大家不要讲话"的话。外国佬也这样开会,我就有些纳闷。

正因为诸多"讲话"是高中语文课文,我就不得不研究讲话。那么,今天主管教育的那些领导一再强调"请大家不要讲话",是不是说,高中语文课本里的这三篇著名讲话要删掉呢?或者是本地领导在"高考动员大会"上猜测今年的语文高考题"与讲话无关",抑或"有关"?

关于"讲话",教书既久,我有职业病。

2009年6月6日

后记：我为什么叙这些事

为什么叙这些事？既不悦目，更不赏心。我清楚,事件或场景的格调影响叙述文字的格调。但若无意义的事件和场景被说得有些趣味,也可能会产生一丁点意义吧。不过,我希望趣味是文学的趣味,意义则应该有教育社会学意义。

其实,叙事是我的职业。一直以来,我每天都在叙这些事。不过这些事件与情节可能非典型,非主流。而叙述的场景都在学校、课堂。但我之所见并不是中国典范的"示范"中学,我每天面对的,多是"差校"里的,"差生"的,"胡闹"的细节。这于我的意义,就是我在当场,我必须以此充实人生。故此,我向大家提供的只能是"非典型"教育案例,企图发现它们存在的意义,使我有继续吃饭的理由。

作为中学教师,中学以及中学语文就是我生活的全部,也是我知识的全部。中学语文老师不可回避的坏毛病就是爱一天到晚絮絮叨叨。不是叙事,就是议论、抒情,尤喜夹叙夹议。这正好就是随笔的文体模式。虽其有时无关紧要,有时无油无盐,有时无可无不可,但一旦说出,即是语文。

但若长期处于某种"无意义"的状态就应该警惕,必须努力从平庸和非典型细节里提纯生存的意义,指向职业的崇高。我想,既然一生学习中文,要么努力做一个作家,写出有文学趣味的精致文字;要么专心做一个中学老师,全心教书,编出一些好教案,潜心有价值的论述。然而生活终究碌碌,我始终在文学创作与教书育人之间骑墙,希望两全其美。这些随笔不是骑墙的道具,但作为对教育的讨论并不纯粹。这同样需要警惕,因为这可能消解我执着与奉献的意义。

这些随笔当然不是文学佳制,亦非教育专著,只是一个中学语文老师在随意叙事。有些文字就写在我的办公室,在课间操时候,晚自习时候,写在我的备课笔记之后,在我的听课记录上,当然也有写在半夜难眠的黑夜。记录或回忆教学生涯的点滴,时喜,时忧,也时常气恼。大概每一篇文字都有一个"非典型"事件或者人物在触动我,我的文字一直在书写我的周遭。但我的叙事有所保留,不因节制文字,而是有些言语并不可随意道论,说不得也,说出可能负面。我需要另一页日记,写下自己的"内参",以供自省。

早年,作家甲乙先生曾调侃我赶紧换单位,因为我居然多次写到学校的厕所。言下之意,我视野狭窄,生活贫乏。但单位是那么好换的么?做个作家是业余爱好,专心教书才是本职。不过现在的中学语文老师要教学生作文,日记,周记,似乎老师自己却并不需要写作,批改学生作文照样真理在手,振振有词。我时常感觉到灵魂深处的尴尬。曾经就有人怀疑我作为语文老师写散文肯定影响了语文教学,似乎是不务正业。因此我必须把语文教得更精彩才是。这种怀疑才是我年岁不小了还精神抖擞地去参加"安徽省第三届教坛新星"比赛,并申报安徽省第九批"特级教师"的原因。

我的文字,无可回避地说了不少本单位的事情,非故意也,而是除此之外,我一无所有。但我的内心满怀了敬畏,我一般回避说自己学校里的事情,并非口讷,也非我的学校当真多么不好。现在哪有单独的一所不好的学校呢?我们冠冕堂皇的教育总希图急功近利却又总是劳而无功。每一天,我们都在很简单地忙于高考应试,社会表扬与批评依据的就是高考达线人数,多少人录取到某某名牌高校。如此教育的大前提未必不是一种荒谬。而我工作的学校也就正如一艘颠簸的小船,一会儿载客,它不是一艘好看的客轮;一会儿载货,它也不是一艘合格的货轮。从职业教育到普高教育，它总是遭人嗤笑。我们这些船上的水手，也都在众人不屑的目光里很滑稽地"中流击水"。所以，我身边的事情多是非典型个案。说出或说破的意义不多。但不说又很不痛快！那我就写在自己的日记里，写在教学反思之中，涂鸦在心灵的内墙上。倾诉是每个人的需要，不管能不能被别人听见。可能被嗤笑，也可能获得同情。我愿意我所遭遇的个案并不是中国现实的普遍。

然而这些文字确是我个人长期从业的体会，是我心灵里最细微的呐喊。或许那一个个触动我的人物，那一个个触动我的事件，就是我们所共有的教育行业中，我们相同或不同的学生在成长时，所有的老师都应该深味的细节。我未必是现代教育的拥护者，但我也没有努力反对，我只是一个普通老师，写出自己遇见的故事，自己的看法，这就是一个老师的教育反思。如果改革是合法的，合情的，合理的，那我也只能改革我自己，改革我的课堂，我的教法，我的理念，我自己的情感和心灵。或许我面对的是一只被实验的"病鸡"，我们既不能杀死它，也不能遗弃，更不可医治。但我每天拔除一根有病的鸡毛如何？

2008年底，在安庆市作家代表大会上，我遇见《安庆晚报》副刊部的魏振强先生，他约我写专栏，任务不重，一周一篇，我就开始写下这些"教育叙事"。这是我写作这本书的缘起。再搜集一些过去的相关文字，编一本小册子吧。教书三十年了，也算"曾经沧海"。对自己的粉笔生涯也算是一个交代。我先将书名定为《做实验的鸡——一位特级教师的校园叙事》，希望这个书名能够成为一个"卖点"。后改为《清醒的尊重》，愿意它更厚重一些。我想自己文学的趣味并没有完全丧失，希望大家能够看见一个语文教师对自己教育的检讨和忧思，能够看到些许文学的趣味。起码一个教语文的人还是想把话说得好一些，不致让学生看不起。

如果你无意阅读到这本书，我也希望能惹你发笑，嘲笑或者冷笑我都乐意接受。我只是想写出生活本身的趣味，既不敢揭我学生的底细，也不敢揭自己单位的底细,更不敢揭当下教育事业的底细。我这个吴忌还是有所忌讳的,姓名里深嵌了文言的"恐惧"。过去就胆小,而 2009 年 5 月我又被医生切除了实实在在的胆囊。那也算是被实实在在地解剖了一次。请诸君继续解剖我以及我的文字。

2009 年 2 月 18 日初稿

附录

被收缴的语文——一位语文特级教师的工作札记

听说那个吴忌

第一次听说"吴忌"这个名字,我就被狠狠地吓住了。老同事"朱特"(我们习惯称特级教师为"老特"。"朱特",是指姓朱的特级教师)毫不客气地对我说:"你怎么连如此大名鼎鼎的吴忌都不认识?"他的口气,仿佛不认识那个"吴忌",就特没有学问似的。

"吴忌何许人也?"一个优秀的中学语文老师,一个小有名气的散文作家。

第一次听说他,是因为他到我们学校来参加安徽省第三届"教坛新星"安庆赛区的角逐。那天校园多了个特别扎眼的人,我们几个女同事就在一起一惊一诧地议论开了:"他为什么剃个光头?又为什么养一大把长长的胡须?他是谁?他来自哪里?为什么如此落拓不羁?……"正当我们满心迷惑满眼不解时,前来为大赛做评委的"朱特"走了过来,我拦下他就问,这时我才正式知道他的名字叫"吴忌"。真是个无所顾忌的家伙!是因这个有趣的名字启发了他无所顾忌的言行,还是因无所顾忌的个性而得此殊名?而当我得知他已是出了三本散文集的作家时,惊诧之余,敬意油然而生。

让我没有想到的是,这次到淮南,竟然再次见到那个特别的"吴忌"。他的头依然是一片不毛之地,远看过去,幽幽地闪着智慧的光泽,只是从腮边披挂下来的长长的胡须已经不见了。再次异地邂逅只当是旧时相识,我们一行人主动上前跟他打了招呼,他也毫不介意地默认了我们这帮朋友。毫无疑问,他到淮南是为了打拼什么新星的。其实在我们的价值判断里,不用打拼,他早已是一颗耀眼的明星了。同为中学语文教师,人家已是安庆市语文学科带头人,而且著作颇丰,已是安徽省教育界和写作界的名人了。现在来参加这样的比赛,他想要的可能远不是什么新星的帽子和荣誉了,他要的是比赛的过程,要的是对比赛过程的享受。只是他那么自我,那么执守,这次前来参加省赛,为什么会剃掉自己的形象标志——胡须呢?

难道他所谓的无所顾忌,其实也还是有限的?是顾虑自己锃亮的秃头和满脸的胡须所形成的反差会吓着那些在温室里长大的城里孩子,还是怕自己的另类会影响到评委的情绪因而降低了大赛的观赏性和可信度?

比赛结束以后,我们一行人前去他的住处,向他索书,他当即慷慨相送,并信笔题字签名,他的字迹俊朗,一如他的文字,这又让我们平添了几分钦佩。他送我们的是他的第三本散文集,书的名字叫《以痛止痒》,很朴素,也很有意思,极容易让人联想起自己小时候挠痒痒的经历和感受。其实,我们每个人在生理或心理上都或多或少有过以痛止痒的经历,但谁能像他那样去思考并发现其中的道理呢?

从淮南回来的这些天,我利用工作之余的点滴时间正在认真品读他的文章,到目前为止,我尚不能清晰地理出品读过程中所获得的真实感受,希望在读完全书之后,能够有较为完整的理解。但那些平凡而真实的生活,那些简短而朴素的文字,早已给我带来了许多真切而温暖的感动。读他的书是幸福的。因为他描绘了我们所熟悉的校园生活,写出了我们曾经经历的酸甜苦辣;他讲述了我们教师的命运,展现了我们教师的人格魅力。他还思考了我们尚未思考的问题,发现了我们不能发现的生活真谛。那是一个孤独的灵魂跳出的绝美的舞蹈!

我想起了庄子的"外化而内不化"的人生态度。吴忌老师是不是庄子思想的践行者呢?"外化",让他能宽容理性地面对生活,从容应对生活中的种种不幸和变故,因而成为中学讲坛上一个优秀的语文教师;而"内不化",让他固守了自己的

禀赋和人生的信念,因而成就了他的梦想——成为一名出色的散文作家。

果真如"朱特"所言,认识吴忌老师,是我们的幸运!

说明:

本文作者胡凤丽,安庆一中语文教师,安徽省第二届教坛新星。

文章选自"孤独守望"的博客:等你在老地方。

博客地址:http://blog.sina.com.cn/aqyzxiaofeng。

文题:淮南之行(三);

发表时间:2008-05-06 23:47:54。

附录此文,我自贴金。向胡凤丽先生致谢。

和吴忌一起听课

我端端正正地坐在多媒体教室的座位上,听课!

前面是一群活泼泼的孩子,一个个阳光似的笑脸为这个略带寒意的初冬带来了些许温暖。后面坐满了前来观摩的老师,虔诚的,伏案疾书;随意的,小声嘀咕;认真的,凝神不动……

多媒体教室位于学校中心大楼的二层,学校是怀宁县独秀初中,大门上悬挂着一条横幅:"热烈祝贺安庆市语文优质课在我校举行",为我前面的画面揭示了主题。

一组十二位选手,在我面前有规律地变动;一个个小鸟般的孩子在老师的带领下按秩序调换,洁白的大屏幕随着鼠标也在不断地"变脸"……

可是,我身边却始终坐着一个吴忌——著名的宿松吴忌,一个长须飘然、慈眉善目的吴忌,一个仙风道骨、卓尔不群的吴忌。

上课的选手说,相识是有缘的。

与吴忌最先结缘的是他的文字,几年前,他的那篇写小鸟的文章深深吸引了我,情动之下,我为他的《鸟是树的花朵》抒写了几句贴心暖肺之词,后来发表在《中学语文》上,其中一段文字是这样写的:

冬天的寒冷与枯寂在文中荡然无存,我们看到的是一个生机盎然、温暖如春的冬天图景,这来自作者魔幻般的神奇想象:"鸟是树的花朵。"还来自作者的生花妙笔:灵动的比喻,巧妙的拟人、优雅的排比,把冬天闹得暖烘烘的。同时,字里行间还流淌着作者对自然、对生活、对人生的真切感悟。文章文采斐然,情理交融,美不胜收,令人回味无穷。

然后才见到他的真容。

2008年上特级教师考评课,地点在"江城如画里"的宣城,我们几个安庆籍"考生"聚集在宣城宾馆,上课前的仓促使得我们只是拉拉手,说话好像没有吧,印象中的吴忌另类形容,让人看一眼就再也忘不掉。

于是我便主动出击。在他的"光头磊落"博客上知道了联系方式,就直接索要他写的书。吴忌不小气,也很客气,特意委托我县作家主席钱续坤给我带来了三本书:《雨的缝隙》、《凝视一切》、《以痛止痒》。

花了将近一个月时间,细细咀嚼了他的三本散文集,三百多篇文章。不怕老吴生气,感受最深的还是他那篇写小鸟的文章,《鸟是树的花朵》。不过我对他的文字有了新的看法。其实,吴忌笔下的文字也像一个个自由的小鸟,有时在你眼前环绕,有时在你身边呢喃,有时却为了呼朋引伴飞得远远的,在你的视线中消失得无影无踪。别着急,他那文字的小鸟飞倦了就一定会飞回来的,静静地在你的心里栖息。

在我思想"溜号"的同时,身边的吴忌正伏案疾书,笔走龙蛇。说实话,我见过听课认真的,没见过老吴这样认真的,我被这样的架势吓住了。心里嘀咕:听课,听课,当然以听、看为主,以记为辅,有你这样听课的吗?

下课的间隙,好奇心促使我拿来了老吴写满了的四五张纸。写在选手教案反面的内容真让我大开了眼界。

有对选手特征的简短刻画:高挑,马尾,彰显着80后老师的青春和活力。

有对课堂氛围的诗意描述:老师以沉稳优雅之态、圆润优美之言,把课堂带进一个宁静的氛围,但这不是沉闷,而是学生受老师的安详清秀之风感染而与之合拍的结果。

有对被老师遗忘的学生的关注:坐在我们评委前面的是三个活泼泼的男孩,其中一个小胖墩,戴一副深度眼镜,一刻也不闲着,每次都举手,但一次也没有被叫起,便时不时随着老师的提问大声地嚷几句,准确得很。正感觉奇怪,向前探身一看,哦,原来他们每个人都有教学辅导资料。

还有对教学语言的欣赏:雄奇赋予了三峡的山,灵动赋予了三峡的水。听听,多美的教学语言,把学生带进了迷人的语言丛林,流连忘返。

当然,吴忌不仅仅是以作家的名义,在用文字进行课堂"写生"。更多的内容是对文本的独特体悟,那不是老吴灵光乍现,而是长期独立思考的结果。比如第一天下午的课题是著名诗人金波的《盲孩子和他的影子》,当选手们都按照教材的编写意图进行"爱"的主题解读时,吴忌却读出了问题,读出了自我。他这样写道:

从文章的标题着手:关键词一是"影子",影子隐喻另一个自我,是"我"的内心,是"我"的灵魂;关键词二是"和",并列关系,是身处逆境的人与自己内心深处的对话;关键词三是"盲"。正因为孩子"盲",才格外渴求光明。因此,童话的主题应该是"寻找光明"。

此与我心有戚戚焉。

……

和吴忌一起听课,看老吴的忙活,如清泉洗面,似醍醐灌顶。渐渐地,我也忘记了自己的评委身份,模糊了评分表上的 ABCD 指标体系,且让我寻找听课的快娱,充分享受这听课的无边乐趣吧!

为感谢吴忌,晚宴我特意连连举杯,老吴举手告饶:"心脏不好,心脏不好。"主随客便,我遂罢手。不一会儿,自称心脏不好的老吴竟"扑的"到两位美女老师身边敬酒。

哎,这吴忌,果真无忌?!

2010 年 11 月 29 日

说明：

本文转载自"安庆教研网"之"名师工作室"，作者张斗和。网址为http：//mjs.aqjy.org/ss－xs/

张斗和先生是安庆市当年唯一的研究初中语文教育的特级教师。我十分仰慕，神交久矣。其思想独立，著文多多。有幸结识且同桌两日，幸甚，幸甚矣！

张斗和校长现已奉调安徽省安庆市怀宁县教研室，任语文教研员。附录此文，我自贴金。向张斗和先生致谢。

个性语文,具体而微

　　语文的问题,无论教育或教学,大都是共性的。这是我们讨论的基础。但实际讨论的问题则应该具体而微,从小处着手,问题更有解决的可能。而讨论的文字则最好个性一些,"有我"的表达方可生成阅读的趣味。

　　从中考到高考,不只是弹指一挥的三年,它必须由一节节"语文课"环环相扣,这都是小处的细节。在课前课后,在课堂之上,无论备课与反思,或者上课与作业,我们面对的都是孩子们一个个具体而微的小问题。本书所提供的,则正是一些细节里的"小经验"。

　　其实,高中的语文课弥漫了幸福的滋味。年复一年,我们天天看着少男少女从十四五岁长到十七八岁,犹如活在不老的春天里。古往今来的文学与言语,那无可穷尽的美感令人陶醉。而美感都是个性的,也具体而微。授课与教研如果人人亦云或者枯燥说教,就是对美感的遮蔽与破坏。

　　我上我的语文课,我说我的语文。也愿你,在读后颔首而怡乐。